邓小平
与中国特色社会主义

杨胜群 著

人民日报出版社
北京

图书在版编目（CIP）数据

邓小平与中国特色社会主义 / 杨胜群著 . -- 北京：
人民日报出版社 , 2024. 9. -- ISBN 978-7-5115-8464-9
Ⅰ . A849.164；D616
中国国家版本馆 CIP 数据核字第 2024KA1625 号

书　　　名：	邓小平与中国特色社会主义
	DENG XIAOPING YU ZHONGGUO TESE SHEHUI ZHUYI
作　　　者：	杨胜群
出　版　人：	刘华新
策　划　人：	欧阳辉
责 任 编 辑：	万方正
装 帧 设 计：	新成博创
出 版 发 行：	人民日报出版社
社　　　址：	北京金台西路 2 号
邮 政 编 码：	100733
发 行 热 线：	（010）65369509　65369527　65369846　65363528
邮 购 热 线：	（010）65363531　65363527
编 辑 热 线：	（010）65369521
网　　　址：	www.peopledailypress.com
经　　　销：	新华书店
印　　　刷：	大厂回族自治县彩虹印刷有限公司
法 律 顾 问：	北京科宇律师事务所　（010）83622312
开　　　本：	710mm×1000mm　1/16
字　　　数：	180 千字
印　　　张：	16.25
版 次 印 次：	2024 年 10 月第 1 版　2024 年 10 月第 1 次印刷
书　　　号：	ISBN 978-7-5115-8464-9
定　　　价：	58.00 元

如有印装质量问题，请与本社调换，电话：（010）65369463

目 录

邓小平与中华民族伟大复兴……………………………… 001

邓小平对中国特色社会主义的开创性奠基性贡献………… 011

邓小平与中国社会主义的命运……………………………… 036

邓小平理论的历史地位及其形成发展过程………………… 051

邓小平理论历史地位和科学价值的几个基本论断………… 063

马克思主义中国化的几条基本经验和毛泽东、邓小平的

    历史贡献……………………………………………………… 073

邓小平理论的若干重要思想、观点和论断………………… 081

改革开放是中国共产党的一次伟大觉醒…………………… 102

邓小平小康社会设计与中华民族伟大复兴………………… 118

邓小平与小康目标的提出和完善…………………………… 127

邓小平与小康社会建设理论的形成与发展…………………… 145

"四个全面"战略布局与邓小平现代化发展战略思想……… 160

邓小平与党的十一届三中全会前后的思想解放……………… 167

邓小平与全面经济体制改革局面的形成……………………… 179

经济特区建设实践与邓小平改革开放决策思想的发展……… 192

邓小平"科学技术是第一生产力"的思想形成发展过程…… 209

邓小平在全面建设社会主义时期的探索……………………… 219

邓小平前70年的生命年轮

　　——《邓小平年谱（1904—1974）》编后 ………… 233

高山仰止和返璞归真

　　——《邓小平传（1904—1974）》编后 ………… 245

邓小平与中华民族伟大复兴

20世纪是中华民族从贫弱、屈辱中奋起,走向伟大复兴的世纪。从1900年八国联军占领北京,中国进一步沦为半殖民地半封建社会,到2000年我国人民生活总体上达到小康水平,大步走向繁荣富强,100年间中国发生了翻天覆地的变化。中华民族在实现伟大复兴的前进道路上,经历了三次历史性巨变,产生了孙中山、毛泽东、邓小平三位伟大人物。毛泽东曾经评价孙中山领导中国人民反帝反封建的资产阶级民主革命,是"处在半殖民地国家的大革命家对于中华民族最伟大的贡献"①。邓小平曾经评价毛泽东说:"没有毛主席,至少我们中国人民还要在黑暗中摸索更长的时间。"② 对于邓小平为中华民族作出的历史性贡献,江泽民评价说:"如果没有邓小平同志,中国人民就不可能有今天的新生活,中国就不可能有今天改革开放的新局面和社会主义现代化的光明前景。"③

---

① 《毛泽东文集》第二卷,人民出版社1993年版,第111页。
② 《邓小平文选》第二卷,人民出版社1994年版,第345页。
③ 《江泽民思想年编(1989—2008)》,中央文献出版社2010年版,第272页。

开创中国特色社会主义，成为实现中华民族伟大复兴的必由之路

实现民族复兴，使中华民族屹立于世界民族之林，是孙中山、毛泽东、邓小平的共同心愿。孙中山、毛泽东在有生之年，做了在他们所处的时代可能做到的事情，完成了他们的历史使命。中华民族的伟大复兴需要一代又一代人不懈努力，既要继承前人，又要突破前人，不断创造新方法、开辟新道路。历史选择了邓小平。邓小平继承毛泽东，在新的历史条件下，以巨大的理论勇气和卓越的政治智慧，领导党和人民开创中国特色社会主义，走出了一条坚持和发展社会主义的新道路。几十年来的实践证明，这条道路是建设富强、民主、文明的社会主义现代化国家的正确道路，是实现中华民族伟大复兴的必由之路。

只有社会主义才能救中国。当20世纪70年代末邓小平复出工作之时，世界社会主义运动进入低潮，中国的社会主义建设也出现了严重曲折和困难局面。邓小平旗帜鲜明地指出："只有社会主义才能救中国，这是中国人民从'五四运动'到现在六十年来的切身体验中得出的不可动摇的历史结论。"[1] 在后来的整个改革开放过程中，邓小平一再指出，中国的发展始终要讲两条：一条是坚持社会主义，一条是坚持改革开放。80年代初期，他主持起草《关于建国以来党的若干历史问题的决议》，科学地评价毛泽东同志的历史地位和毛泽东思想的科学价值，正确地总结新中国成立后的前30年历史，维护了社会主义的根本制度和新中

---

[1] 《邓小平文选》第二卷，人民出版社1994年版，第166页。

国确立的各项基本政治制度，从而也就维护了实现中华民族伟大复兴的政治前提和政治基础。如果离开这个前提和基础，实现中华民族伟大复兴就是一句空话，这已经被中国近代以来的历史所证明。

实现中华民族的伟大复兴，最根本的途径是解放和发展生产力。不发展生产力，没有经济的振兴，民族复兴是根本无法实现的。孙中山曾经说过，为什么近代以来世界列强有瓜分中国的念头，是因为中国是一个"顶弱、顶贫"的国家。毛泽东曾经多次指出近代中国落后挨打的血的教训。他还说，革命只是"造成由农业国变为工业国的先决条件"，革命的"目的是为着解放生产力"，"为新的生产力的发展开辟道路"。进入社会主义时期以后，我们党曾经保持这一正确的思想认识，筹划进行大规模经济建设，以迅速改变我国经济落后的面貌。但是，由于种种原因，人们对社会主义的认识逐渐陷入僵化和错误，党和国家工作的重心长期没有能够转到经济建设上来。邓小平振聋发聩地指出："什么叫社会主义这个问题也要解放思想。经济长期处于停滞状态总不能叫社会主义，人民生活长期停止在很低的水平总不能叫社会主义。"[①] "贫穷不是社会主义，社会主义要消灭贫穷。"[②] 进而，他又深刻地指出社会主义的根本任务是发展生产力。正是在这些思想的指导下，我们党确立了"一个中心，两个基本点"的基本路线，确立了把发展作为第一要务的执政兴国目标。这是党和国家工作的历史性转折，也是中华民族伟大复兴事业的历史性转折。几十年来，不管国际风云如何变幻，国内局势出现怎样复杂的

---

① 《邓小平年谱（1975—1997）》（上），中央文献出版社2004年版，第620页。
② 《邓小平文选》第三卷，人民出版社1993年版，第116页。

情况，我们都始终坚持以经济建设为中心不动摇，一心一意抓建设、谋发展，使国民经济快速增长，综合国力日益提高，人民生活不断改善，为中华民族的伟大复兴一步一步地奠定坚实的物质基础。

中华民族的伟大复兴是同中国特色社会主义的历史命运紧密联系在一起的。正是从这个角度，邓小平提出了"改革是第二次革命"的论断。他告诉人们：改革不是细枝末节的变革，不是对原有体制的修修补补，而是对束缚生产力发展的原有体制带根本性的变革。毛泽东曾提出，要"使中华民族来一个大翻身"。如果说，中国共产党领导的第一次革命，是使中华民族和中国人民彻底摆脱了被奴役、被压迫和被剥削的命运，在政治上实现了"大翻身"；那么，今天的"第二次革命"，是要使中华民族和中国人民摆脱旧的僵化的体制的束缚，在经济、文化上来一个全面的"大翻身"。实践已经充分证明，这场革命性的变革正在深刻地改变着中华民族的前途和命运。

从根本上改变束缚生产力发展的经济体制，建立起中国特色的、符合生产力发展的新的经济体制，是这场改革的重点。早在改革开放之初，邓小平就提出了"社会主义也可以搞市场经济"的设想。经过十多年的实践、探索，1992年他在南方谈话中明确阐明了社会主义市场经济的思想，同年召开的党的十四大明确我国经济体制改革的目标是建立社会主义市场经济体制。这一目标的确立，把中国的改革开放和社会主义现代化建设推进到了一个新的发展阶段。建立社会主义市场经济体制，是一项前无古人的创举，开辟了在社会主义条件下进一步解放和发展生产力的新道路，为建设中国特色社会主义和实现中华民族伟大复兴带来巨大的生机和活力。

邓小平指出，开放是中国的希望。古往今来，世界上各种不同的国家和民族长期共存，相互交流、融合，促进了共同发展。任何一个国家和民族要发展自己，都必须主动地融入世界发展的潮流中去。近代以后，中国为什么长期落后挨打，世界上几乎一切大大小小的帝国主义国家都欺侮过我们，主要是由于中国在鸦片战争以前两三百年间实行闭关锁国的政策，落后于世界发展的潮流。孙中山曾经感慨地说："中国近百年来，我们的国民睡着了。我们睡了，不知道世界他国进步的地方。"[①] 半个多世纪以后，邓小平仍然用这一历史教训来告诫人们："不要脱离世界，否则就会信息不灵，睡大觉，而世界技术革命却在蓬勃发展。"[②] 他敏锐地把握世界潮流和国际局势的变化，把对外开放确立为一项基本国策，并提出大胆吸收和借鉴人类社会创造的一切文明成果。几十年来，我国的对外开放不断扩大和推进，为现代化建设和改革提供了十分必要的借鉴和巨大的助力。

提出"三步走"的发展战略，使中华民族的复兴大业第一次有了清晰而切实的战略目标和步骤

实现现代化，是中华民族一百多年来的理想，是中华民族伟大复兴的历史任务。许多先进人物为之进行了各种各样的尝试和奋斗，但真正把它提到历史进程的是中国共产党。1954年，在第一届全国人民代表大会上，毛泽东、周恩来第一次提出"四个现

[①]《孙中山全集》第十卷，中华书局1986年版，第236—237页。
[②]《邓小平文选》第三卷，人民出版社1993年版，第290页。

代化"的目标。1964年，第三届全国人民代表大会提出：要在不太长的历史时期内，把我国建设成具有现代农业、现代工业、现代国防和现代科学技术的强国。"四个现代化"目标的提出，表达了党和人民改变我国落后面貌、建设强大国家的愿望和追求，对于振奋民族精神推进我国现代化建设，具有重要的意义。但后来由于各种原因，党从经济建设上急于求成，发展到指导思想陷入"左"的错误，使这一目标的实施受到严重挫折。邓小平在对改革开放和社会主义现代化建设进行设计的过程中，对中国现代化建设的目标和步骤进行了深入思考，从实际出发，提出了"三步走"的发展战略目标，即通过国民经济翻番的增长，第一步，到1990年，解决温饱问题；第二步，到20世纪末，实现小康；第三步，到21世纪中叶，达到中等发达国家水平。

"三步走"的发展战略目标，向人们展示了中国社会主义现代化建设新的历史进程表，使中华民族伟大复兴第一次有了清晰而切实的战略目标和步骤。

"三步走"的发展战略目标，是一个实事求是、切实可行的发展战略目标。它立足于中国社会主义初级阶段的基本国情，找准了中华民族伟大复兴的历史起点和现实基础。它把解决人民温饱问题作为第一步目标，既反映了我国国情最大最普遍的实际，又充分体现了中国共产党全心全意为人民服务的根本宗旨。世界上还没有一个国家的现代化是从解决人民温饱问题开始的。然而，中国就是中国，中国只能从这里开始。回想起来，如果当时确定现代化的发展目标和步骤不是考虑从解决人民的温饱问题开始，我们就有可能重复过去急躁冒进的错误，重现欲速而不达的局面。

"三步走"的发展战略，是一个体现和激发中华民族追赶先进的雄心壮志的发展战略。中华民族是一个敢于争先、不甘落后、自强不息的民族。这是实现民族复兴必不可少的精神条件。"三步走"的发展战略，具有鲜明的追赶先进的意识。它向人们宣告，中国大约要用一百年的时间，实现一些西方发达国家用了两百多年的时间才实现的目标。早在党的十一届三中全会召开前夕，邓小平就提出了追赶"亚洲四小龙"和西方发达国家的设想。1992年，他在南方谈话中又明确地提出：要抓住有利时机，加快我国经济的发展，"力争隔几年上一个台阶"，一些发达地区要力争用20年的时间赶上"亚洲四小龙"。这个既体现雄心壮志又脚踏实地的战略目标，极大地凝聚了全民族的精神和力量。经过二十多年的奋斗，在20世纪末，我们成功地实现了前两步战略目标，开始向第三步战略目标迈进。进入新世纪，党中央作出全面建设小康社会、加快推进社会主义现代化的战略部署，并实现了良好的开局。可以预见，到21世纪中叶，第三步战略目标一定能够胜利实现。

　　民族的复兴不仅仅是经济的繁荣，还包括政治、文化、科技、教育等的全面振兴。"三步走"的发展战略，最终的目标是要建立一个富强、民主、文明的社会主义现代化国家。邓小平提出，"要在建设高度物质文明的同时，提高全民族的科学文化水平，发展高尚的丰富多彩的文化生活，建设高度的社会主义精神文明。"① 他关于科学技术是第一生产力的论断，为科教兴国战略提供了坚实的理论依据。一位哲人说过，给我一个支点，我可以

---

① 《中国共产党一百年大事记（1921年7月—2021年6月）》，人民出版社2021年版，第112页。

把地球撬起来。邓小平为中华民族的伟大复兴找到了这样一个支点。他还对改革党和国家领导体制、健全社会主义民主和法制等，提出了许多宝贵的思想和主张，为新时期社会主义物质文明、政治文明、精神文明的协调发展提供了科学的指导。

提出"一国两制"统一祖国的构想，顺利收回对香港、澳门的主权，在中华民族伟大复兴的历史上写下浓墨重彩的一笔

民族复兴是相对民族衰落而言的。在鸦片战争以后的一百多年里，中华民族走向衰落，主要表现就是面对西方列强的侵略欺凌，被迫一次又一次地割地求和，从而一次又一次地损害了国家主权、独立和领土完整，一次又一次地挫伤了中华民族的民族尊严和民族自信心。到20世纪80年代，香港、澳门还被控制在西方国家手中。顺利收回对香港、澳门的主权，是新时期中国共产党的历史使命，对中华民族的伟大复兴具有特别的意义。在中英关于香港问题的谈判中，英方坚持认为过去签订的不平等条约是有效的，甚至提出用主权换治权，企图继续控制香港。对于这种无理要求，邓小平掷地有声地回答：主权问题是不容谈判的，1997年中国收回香港问题也是不能谈判的，不管以什么方式。他还说：到1997年中国如果不把香港收回，"就意味着中国政府是晚清政府，中国领导人是李鸿章！"① 正是在中英谈判前不久，在1982年9月召开的党的十二大上，邓小平庄严宣告："中国人民

---

① 《邓小平文选》第三卷，人民出版社1993年版，第12页。

珍惜同其他国家和人民的友谊和合作，更加珍惜自己经过长期奋斗而得来的独立自主权利。任何外国不要指望中国做他们的附庸，不要指望中国会吞下损害我国利益的苦果。"经过艰难的斗争，中国政府根据邓小平提出的"一国两制"的伟大构想，分别在1997年和1999年成功收回对香港、澳门的主权，截掉了19世纪西方殖民主义者留在中国领土上的尾巴，在中华民族伟大复兴的历史上书写了浓墨重彩的一笔。

国家的完全统一是民族复兴大业的重要组成部分。如何解决历史遗留下来的台湾问题，是邓小平最为关切的问题之一。在他看来，祖国统一"这首先是个民族问题，民族的感情问题。凡是中华民族子孙，都希望中国能统一，分裂状况是违背民族意志的"。[①] 早在1979年，他就把实现祖国的完全统一作为中国共产党在新时期的三大历史任务之一提了出来。为此，他不仅提出了"一国两制"统一祖国的基本方针，还针对"台独"势力分裂祖国的阴谋，从战略高度表达了解决台湾问题、维护祖国统一的坚定信心。他表示，我们坚持谋求以和平方式解决台湾问题，但是始终不能承诺放弃非和平方式，无论什么情况下都不能放弃国家的统一。这一思想，对于我们党确立对台工作方针，开创对台工作新局面，促进祖国完全统一，具有重要的意义。

实现民族的伟大复兴，不仅要坚定地维护国家的主权和独立，捍卫民族的尊严，还要为民族的生存发展创造和平的外部环境和有利条件。在改革开放和社会主义现代化建设新时期，邓小平正确把握和平与发展的时代主题，进一步确立和完善了独立自主

---

① 《邓小平文选》第三卷，人民出版社1993年版，第170页。

的和平外交政策，在国际舞台上树立了中国改革开放和和平发展的新形象。20世纪80年代末90年代初，随着苏联解体、东欧剧变，世界局势发生了巨大变化，邓小平明确提出了"冷静观察""稳住阵脚""沉着应付""韬光养晦""绝不当头""有所作为"的应对策略。在这个策略思想的指导下，不论国际形势如何变化，一方面，我们始终坚持一心一意地发展自己，把自己的事情办好，使综合国力不断增强；另一方面，在国际事务中发挥越来越重要的作用，成为一个负责任、有作为的大国，在国际舞台上展现了一个走向复兴的伟大民族的气魄和风貌。

邓小平对中国特色社会主义的
开创性奠基性贡献

2024年8月22日,习近平总书记在纪念邓小平同志诞辰120周年座谈会上指出,邓小平是"中国社会主义改革开放和现代化建设的总设计师,中国特色社会主义道路的开创者,邓小平理论的主要创立者"①。此前不久,习近平总书记还曾指出,"坚持和发展中国特色社会主义是一篇大文章,邓小平同志为它确定了基本思路和基本原则"②。这些评价高度概括了邓小平对中国特色社会主义理论与实践的开创性、奠基性贡献。在纪念邓小平同志诞辰120周年之际,回顾和梳理邓小平对中国特色社会主义作出的历史贡献和他留给党和人民的思想精神遗产,对于我们今天更好地学习和理解习近平新时代中国特色社会主义思想,走好实现第二个百年奋斗目标新的赶考之路,无疑是很有意义的。

---

① 习近平:《在纪念邓小平同志诞辰120周年座谈会上的讲话》,人民出版社2024年版,第1—2页。

② 《习近平著作选读》第一卷,人民出版社2023年版,第80页。

重新确立实事求是的思想路线，开解放思想的一代新风，为开创并坚持和发展中国特色社会主义创造了思想条件

衡量一个伟大思想家，不仅要看他在当时提出了什么有价值的思想，更要看他提出的思想在当时及后世所产生的影响，要看他是怎样影响和改变了时代。邓小平无疑是一个影响和改变了时代的人，以至国际上有人提出了"邓小平时代"的概念。说他影响和改变一个时代，第一要说他影响和改变了一个时期党和人民的基本政治思维，而这在一定程度上是推动中华民族发展进步的决定性因素。

20世纪50年代末以后，由于各种原因，党在指导思想上逐渐陷入僵化。一个突出的表现，就是对马克思、恩格斯等马克思主义经典作家关于社会主义的一些论述作教条式的理解，机械地照搬照抄。特别是在"文化大革命"中，有人大搞形而上学，将马克思等经典作家关于一些具体问题的结论一般化、神圣化，甚至把一些根本不是马克思主义的东西附会到马克思主义名下。一些并不具有社会主义本质属性的东西，或者只适合于某种特殊历史条件下的东西，被当作"社会主义基本原则"加以固守；而一些有利于社会主义发展的，特别是有利于在社会主义条件下推动生产力发展的东西，则被当作"资本主义复辟因素"加以反对，在什么是社会主义、什么是马克思主义的根本性问题上制造了极大的思想混乱。

"文化大革命"结束，为党的指导思想回到马克思主义正确轨道上来提供了转机。但党内又出现了将毛泽东晚年的思想绝对

化、教条化的"两个凡是"的思想禁锢,给党和人民系统纠正"文化大革命"的错误,造成了严重的思想障碍。如果按照"两个凡是"的方针办,全党思想只能继续陷在僵化状态,党和国家的工作只能继续沿着错误的道路走下去,实现"四个现代化"的目标只能落空。邓小平率先出来鲜明地反对"两个凡是",明确指出,"两个凡是"不是马克思主义,不是毛泽东思想;针对"两个凡是",提出"我们必须世世代代地用准确的完整的毛泽东思想来指导我们全党、全军和全国人民"①。

要打破"两个凡是"的思想禁锢,必须解决用什么作为检验真理的标准的问题。从1978年5月开始,邓小平和其他老一辈革命家领导和推动思想理论界开展了真理标准问题大讨论,重新提出"实践是检验真理的唯一标准"的科学论断,鲜明提出要恢复党的实事求是的思想路线和优良传统。邓小平指出:"我们讲要继承和发扬毛主席为我们培育的优良传统,第一个就是实事求是。归根到底,这是涉及什么是马克思列宁主义,什么是毛泽东思想的问题。毛泽东思想最根本的最重要的东西就是实事求是。"②在他和陈云等老一辈革命家的推动下,1978年12月召开的党的十一届三中全会高度评价关于真理标准问题的大讨论,废止"两个凡是"的错误方针,重新确立了实事求是的思想路线。全党重新认识到,马克思主义不是教条,必然随着时代和实践的发展而不断发展。

实事求是思想路线的重新确立,促进了全党的思想大解放,使全党在党的指导思想问题上,思想认识发生了深刻的转变,

---

① 《邓小平文选》第二卷,人民出版社1994年版,第39页。
② 《邓小平军事文集》第三卷,军事科学出版社2004年版,第108页。

可以说改变了固有的一些基本政治思维。1978年12月13日，邓小平在为党的十一届三中全会作准备的中央工作会议上发表《解放思想，实事求是，团结一致向前看》的讲话指出："一个党，一个国家，一个民族，如果一切从本本出发，思想僵化，迷信盛行，那它就不能前进，它的生机就停止了，就要亡党亡国。"①从真理标准问题大讨论，到十一届三中全会废止"两个凡是"，再到后来的全面拨乱反正，实际上是全党解放思想的过程。在这个过程中，思想解放集中体现在实事求是评价新中国成立以来的历史、正确评价毛泽东和毛泽东思想、彻底否定"文化大革命"上。新中国成立以来的历史，是同党和国家主要领导人毛泽东紧密联系在一起的，"两个凡是"错误方针制造的思想障碍，正是利用了毛泽东的历史地位。如果不解决好这一问题，就不可能真正冲破"左"的思想束缚，党和国家的工作就迈不开新的步子。

1979年11月，党中央决定由邓小平主持起草《关于建国以来党的若干历史问题的决议》（以下简称《决议》）。在《决议》起草之初邓小平提出三条总的原则：第一，确立毛泽东的历史地位，坚持和发展毛泽东思想，这是最核心的一条；第二，对新中国成立30年来历史上的大事，哪些是正确的，哪些是错误的，要进行实事求是的分析；第三，对过去的事情作个基本的总结，宜粗不宜细，引导大家团结一致向前看。②在《决议》起草过程中，邓小平还提出一系列具体意见。1981年6月，党的十一届六中全会正式通过的《关于建国以来党的若干历史问题的决议》，在科学总结新中国成立以来社会主义革命和建设的历史成就和历史经验

---

① 《邓小平文选》第二卷，人民出版社1994年版，第143页。

② 同①，第291—293页。

的同时，指出了党在长时间里将阶级斗争扩大化和在生产关系变革及经济建设上急躁冒进的错误，特别是从根本上否定了"文化大革命"和"无产阶级专政下继续革命"的错误理论。《决议》充分肯定了毛泽东的历史地位和毛泽东思想的科学价值，指出毛泽东的功绩是第一位的，错误是第二位的，毛泽东思想是党必须长期坚持的指导思想；同时，将毛泽东思想与毛泽东晚年错误加以区别，实事求是地批评了毛泽东晚年在阶级斗争和"文化大革命"等问题上的错误，并分析了其主客观原因。《决议》不仅对全党摆脱长期以来"左"的思想影响，特别是"文化大革命"极左思潮的影响，彻底打破"两个凡是"的思想禁锢，具有极为重要的意义，而且对于维护毛泽东思想的指导地位和实事求是认识党的历史，增进全党思想统一和团结，具有极为重要的意义。

解放思想，当然不是为解放思想而解放思想。邓小平说得很明确，只有解放思想了，我们才能正确地以马列主义、毛泽东思想为指导，解决过去遗留的问题，解决新出现的一系列问题。[①]他所说的"新出现的一系列问题"，主要是指当时党的思想状况和固有的体制、制度、政策等，与党的工作重点转移到经济建设上来不相适应的问题。解决这些问题的办法是什么呢？就是他酝酿已久的改革开放。

在重新确立实事求是思想路线和解放思想的过程中，党和人民总结新中国成立以来的历史，对社会主义建设所出现的严重挫折和教训进行反思。科学社会主义的创始人揭示了社会主义发展的一般规律，提出了社会主义的一般原则，但社会主义在实践中

---

① 《邓小平文选》第二卷，人民出版社1994年版，第141页。

还会出现很多他们没有预见到的情况和问题。因此，社会主义没有一个一成不变的模式，社会主义制度的建立不是一劳永逸的，还需要不断发展和完善。20世纪50年代中期，我国在确立社会主义制度的同时，即开始探索适合中国情况的社会主义建设道路，社会主义以崭新的面貌出现在中国大地上。但是，在后来的长时间里，由于"左"的错误思想的滋生和发展，我们在社会主义建设的理论与实践上日益僵化，将现有制度固化、模式化，使社会主义逐渐失去应有的生机和活力，社会主义建设遭受严重的挫折。邓小平将党和人民对社会主义建设所出现的严重挫折与教训的反思，引导到对社会主义的再认识上来，引导到对改革的认识上来。他指出："不解放思想不行，甚至于包括什么叫社会主义这个问题也要解放思想。"① 在为党的十一届三中全会作准备的中央工作会议上，他指出：过去在各方面存在的问题，责任"在于我们过去没有及时提出改革"。"如果现在再不实行改革，我们的现代化事业和社会主义事业就会被葬送。"② 稍后，他又提出农村的改革"是一种带革命意义的改革"③ "改革是中国的第二次革命"④ 的论断。邓小平的这些论述、论断归结起来就是他后来所强调的：通过改革实现社会主义制度的自我完善，充分发挥和体现社会主义制度的优越性。

社会主义制度无疑是比资本主义制度更先进、更优越的社会制度，但是它的先进性和优越性是在与资本主义的比较和竞争中

---

① 《邓小平文选》第二卷，人民出版社1994年版，第312页。
② 同①，第150页。
③ 《邓小平文选》第三卷，人民出版社1993年版，第78页。
④ 同③，第113页。

体现出来的。在比较和竞争中,两种社会制度必然会有交流互鉴。中国是在经济文化比较落后的基础上建设社会主义的,发展对外交流合作,努力吸收世界文明成果尤为重要。但在相当长的时间内,客观上由于西方资本主义国家的封锁,主观上由于党的指导思想陷入僵化,将社会主义与资本主义视为水火不相容的两个世界,从而使我国一度处于一种封闭半封闭的状态,在经济和科技、教育等方面与西方发达国家的差距越拉越大。邓小平在推动解放思想、领导拨乱反正的过程中,明确提出了对外开放的问题。他指出:"实现四个现代化必须有一个正确的开放的对外政策。我们实现四个现代化主要依靠自己的努力、自己的资源、自己的基础,但是,离开了国际的合作是不可能的。应该充分利用世界的先进的成果,包括利用世界上可能提供的资金,来加速四个现代化的建设。"[1] 由此,中国的发展离不开世界,逐渐成为党和人民的共识,中国对外开放的大门逐渐打开。

重新确立实事求是的思想路线,解放思想,为改革开放清除了思想障碍,使中国开启了从僵化半僵化到全面改革,从封闭半封闭到对外开放的历史性转变;也为后来坚持和发展中国特色社会主义创造了思想条件。习近平总书记高度评价说:"改革开放是我们党的一次伟大觉醒,正是这个伟大觉醒孕育了我们党从理论到实践的伟大创造。"[2]

---

[1]《邓小平文选》第二卷,人民出版社1994年版,第233—234页。
[2] 习近平:《在庆祝改革开放40周年大会上的讲话》,《人民日报》2018年12月19日。

创立邓小平理论，开创中国特色社会主义理论体系，为坚持和发展中国特色社会主义奠定了理论基础

经过党和人民的不懈奋斗，今天，中国特色社会主义进入新时代，我们实现了第一个百年奋斗目标，在中华大地上全面建成了小康社会，历史性地解决了绝对贫困问题，正在意气风发地向着全面建成社会主义现代化强国的第二个百年奋斗目标迈进。之所以有这样的局面，离不开中国特色社会主义理论体系的指引，离不开几代中国共产党人接力领导全国人民坚持和发展中国特色社会主义的理论与实践。邓小平是邓小平理论的主要创立者，是中国特色社会主义理论体系的创始者，为坚持和发展中国特色社会主义确立了基本思路和基本原则，奠定了理论基础。

第一，确立中国特色社会主义道路和中国特色社会主义理论体系的主题。

由于国内国际的各种原因，特别是十年"文化大革命"的巨大破坏，20世纪70年代中后期社会主义在中国陷入困境。"文化大革命"结束后，中国面临着一个向何处去的问题。改旗易帜的西化之路不能走，社会主义是党和人民历史性的选择，但过去封闭僵化的老路注定走不通也走不下去了。那么要走一条什么样的道路呢？"文化大革命"结束后，邓小平在思考什么是科学的马克思主义、毛泽东思想的问题时，就在思考这个更为实际的问题。邓小平深知，过去封闭僵化的老路之所以走不通，主要是脱离了中国的实际，不适合中国的情况。在改革开放刚刚起步的时候，他总结新民主主义革命的历史经验，指出："过去搞民主革命，要适合中国情况，走毛泽东同志开辟的农村包围城市的道

路。现在搞建设，也要适合中国情况，走出一条中国式的现代化道路。"① 他从现代化建设的角度，提出了"中国式道路"的命题。随着改革开放的推进和发展，实践越来越需要对这条"中国式道路"作出更带本质属性的定义。毛泽东曾说过，"主义譬如一面旗子，旗子立起了，大家才有所指望，才知所趋赴"。② 邓小平深入思考，在党的十二大上提出了"建设有中国特色的社会主义"的崭新命题。他说："走自己的道路，建设有中国特色的社会主义，这就是我们总结长期历史经验得出的基本结论。"③

一段时间内，邓小平对这一命题反复作了阐释：第一，中国特色社会主义是社会主义，而不是别的什么主义。他说中国"必须搞社会主义"，"如果不搞社会主义，而走资本主义道路，中国的混乱状态就不能结束，贫困落后的状态就不能改变"。④ 第二，社会主义必须是切合中国实际的有中国特色的社会主义，"主要是根据自己的实际情况和自己的条件，以自力更生为主"⑤。"建设有中国特色的社会主义"的命题，无疑是既具有社会主义本质属性、又具有社会主义发展道路多样性特征的命题。这一命题的提出，标志着邓小平对"什么是社会主义、怎样建设社会主义"的探索有了一个基本结论，标志着他从党的十一届三中全会以来提出的关于社会主义问题的一系列思想观点内在的科学社会主义理论逻辑的形成。

---

① 《邓小平文选》第二卷，人民出版社 1994 年版，第 163 页。
② 《毛泽东年谱（1893—1949）》上卷，中央文献出版社 2013 年版，第 71 页。
③ 《邓小平文选》第三卷，人民出版社 1993 年版，第 3 页。
④ 同③，第 63 页。
⑤ 同③，第 29 页。

"建设有中国特色的社会主义"的命题，不仅明确回答了中国走什么道路的问题，成为指引新时期改革开放和社会主义现代化建设的伟大旗帜；而且鲜明地揭示了改革开放和社会主义现代化建设新时期的时代主题，成为引领在新的历史条件下进行理论和实践创新的伟大旗帜。这个命题，也因此成为中国共产党人继续推进马克思主义中国化和进行理论创新的主题，成为中国特色社会主义理论体系的主题。

第二，邓小平理论比较系统地回答了建设中国特色社会主义的一系列基本问题。

科学社会主义的创始人提出了社会主义的基本原理，但没有也不可能在一两百年前提供世界各国如何建设社会主义的具体方案。新中国成立后，以毛泽东同志为主要代表的中国共产党人带领中国人民完成社会主义革命、确立社会主义基本制度，并对在中国如何进行社会主义建设提出了许多好的战略设想。特别是在发现苏联模式的弊端之后，毛泽东提出，以苏联为鉴戒，总结自己的经验，探索适合中国情况的社会主义建设道路，并由此开创了全面建设社会主义的历史阶段，积累了不少宝贵的经验，形成了不少有价值的理论观点。但是，由于我们党的指导思想逐渐陷入"左"的错误，对社会主义建设道路的探索出现曲折，不仅许多好的设想和有价值的理论观点被掩盖和搁置，而且在什么是社会主义和怎样建设社会主义的一些基本问题上出现了思想混乱。"文化大革命"结束后，邓小平领导党和人民重新进行社会主义建设道路的探索。他指出："最根本的一条经验教训，就是要弄清什么叫社会主义和共产主义，怎样搞社会主义。"①他继承和吸收党领导社会主义建设的历史经验，总结改革开放和社会主义现代化建设新的实践经验，终于走出了一条社会主义建设的新路，并形成了建设有中国特色的社会主义理论。

到1992年党的十四大，邓小平建设有中国特色的社会主义理论形成完整的体系。党的十四大对这个理论体系作了基本概括和阐述，最主要的内容有：关于社会主义本质和社会主义发展道路的理论、关于社会主义发展阶段的理论、关于社会主义根本任务的理论、关于社会主义发展动力的理论、关于社会主义建设的外部条件的理论、关于社会主义建设的政治保障的理论、关于社会主义建设的战略步骤的理论、关于社会主义的领导力量和依靠力量的理论、关于实现祖国统一的理论，等等。党的十四大报告指出，这些理论"第一次比较系统地初步回答了中国这样的经济文化比较落后的国家如何建设社会主义、如何巩固和发展社会主义的一系列基本问题"。1997年，党的十五大将邓小平建设有中国特色的社会主义理论，正式命名为"邓小平理论"，并且将其确立为党的长期指导思想之一。

第三，邓小平理论用新的思想观点开拓了马克思主义新境界和马克思主义中国化的新境界。

马克思主义不是固化的教条，而必须不断地丰富、发展，才能保持它的先进性和科学性。毛泽东认识到了这个问题，早在1959年，他在总结党领导社会主义建设的经验教训时就提出，"任何国家的共产党，任何国家的思想界，都要创造新的理论，

---

① 《邓小平文选》第三卷，人民出版社1993年版，第223页。

写出新的著作","单靠老祖宗是不行的"。① 邓小平作为党的第一代中央领导集体重要成员，参与领导了20世纪50年代到60年代全面建设社会主义的实践，对此当然有很深的感受。进入改革开放和社会主义现代化建设新时期后，他总是强调，要实现马克思主义的普遍真理同中国具体实际的"再一次结合"，必须"以新的思想、观点去继承、发展马克思主义"。② 他以巨大的政治勇气和理论勇气进行理论创新，既不丢老祖宗又讲新话，用许多新的思想观点，开拓了马克思主义新境界，把对社会主义的认识提高到新的科学水平。

比如，关于社会主义本质的论断。对社会主义本质的认识是对什么是社会主义和怎样建设社会主义问题的基本认识，它涉及社会主义建设的目的和根本任务等基本问题。对社会主义本质的认识，如果固守科学社会主义创始人在一两百年前的论断，必然陷入僵化。社会主义本质问题，一直是邓小平思考的问题。有人统计，党的十一届三中全会后，邓小平谈过不下二十次。20世纪80年代中期，他对科学社会主义的基本原则就作过概括。1985年，他说："我们始终坚持两条根本原则，一是以社会主义公有制经济为主体，一是共同富裕。"③1986年，他说："社会主义原则，第一是发展生产，第二是共同富裕。"④ 这两种概括，角度稍不一样。稍后，他进一步强调了共同富裕，指出："社会主义最大

---

① 《毛泽东文集》第八卷，人民出版社1999年版，第109页。
② 《邓小平文选》第三卷，人民出版社1993年版，第292页。
③ 同②，第142页。
④ 同②，第172页。

的优越性就是共同富裕，这是体现社会主义本质的一个东西。"①在1992年南方谈话中，他将社会主义本质全面概括为："解放生产力，发展生产力，消灭剥削，消除两极分化，最终达到共同富裕。"②这一论断，无疑是科学社会主义经典作家没有讲过的新话。这一具有不可移易的原则性的论断，进一步确定了改革开放的正确方向，为党正确制定改革开放和社会主义现代化建设的方针、政策提供了理论依据，也为党的理论创新提供了基本遵循。

又如，关于社会主义初级阶段理论。科学社会主义创始人所揭示的，是在资本主义高度发展的基础上建成的社会主义的一般原则。他们没有对社会主义的发展阶段作过具体分析和预设。尤其在中国这样一个经济文化比较落后的国家建设社会主义，必然有一个渐进的过程，有一个阶段性的问题。毛泽东在20世纪50年代曾经设想过社会主义可以分为发达社会主义和不发达社会主义，但没有就此作出深入研究和明确判断。在长时期中，我们固守社会主义的一般原则在中国搞社会主义建设，造成脱离中国基本国情实际、超越历史发展阶段的急于求成的"左"倾错误。党的十一届三中全会后，邓小平在领导对党的指导思想拨乱反正的过程中，总结历史教训，对中国国情作了深入思考，提出并阐述了社会主义初级阶段的理论。1981年6月，党的十一届六中全会通过由他主持起草的《关于建国以来党的若干历史问题的决议》，明确提出我们的社会主义制度还处于初级阶段。1986年9月，党的十二届六中全会通过的《中共中央关于社会主义精神文明建设指导方针的决议》正式提出，"我国还处在社会主义的初级阶段"。

---

① 《邓小平文选》第三卷，人民出版社1993年版，第364页。
② 同①，第373页。

1987年8月，党的十三大召开前夕，邓小平明确要求十三大报告要以社会主义初级阶段作为立论根据，一切要从社会主义初级阶段"这个实际出发，根据这个实际来制订规划"①。根据邓小平的意见，十三大报告系统阐述了社会主义初级阶段理论。社会主义初级阶段理论，成为邓小平理论的基石，也成为中国特色社会主义理论体系的基石。这一理论一直到现在，都是我们党制定各方面工作的方针政策、规划各项事业发展的基本理论依据。

再如，关于社会主义也可以搞市场经济的论断。在比较长的一个时期内，在人们的传统观念中，市场经济是资本主义的本质特征，市场经济就是资本主义，而计划经济才是社会主义的本质特征，计划经济就是社会主义。马克思、恩格斯设想的社会主义社会，商品生产将被取消。列宁曾经指出社会主义国家与人民的关系只能是等价交换的商品关系，但没有从理论上阐明社会主义与商品经济的关系。后来斯大林虽然承认社会主义存在商品生产，但他将商品生产限制在一个很小的范围，并且认为生产资料不是商品。在中国，20世纪50年代末，毛泽东在纠正"大跃进"的错误时，提出要利用商品生产、价值法则为社会主义服务，但没有从社会主义经济的整体属性上认识。实行改革开放以后，经济体制改革的目标取向问题被提了出来，如果不突破计划经济体制，经济领域的改革只能是细枝末节的修修补补。邓小平经过深思熟虑，提出了社会主义也可以搞市场经济的论断，打破了长期以来把计划经济和市场经济视为社会基本制度范畴的思想束缚。这是他对科学社会主义理论的重大发展，为中国特色社会主义的

---

① 《邓小平文选》第三卷，人民出版社1993年版，第252页。

理论与实践开辟了新的源头活水。

邓小平关于社会主义的开创性的思想观点还有很多。这些思想观点奠定了坚持和发展中国特色社会主义的理论基础，又成为中国特色社会主义理论体系新的生长点。继他之后，几代中国共产党人接续奋斗，不断将中国特色社会主义伟大事业推向前进，也不断进行理论创新，不断推出马克思主义中国化的新成果。

对改革开放和社会主义现代化建设作出基本设计，开创中国特色社会主义的伟大实践，为坚持和发展中国特色社会主义奠定了实践基础

习近平总书记指出："一个国家实行什么样的主义，关键要看这个主义能否解决这个国家面临的历史性课题。"[1] 邓小平一直强调理论要管用，邓小平理论的一个显著特点就是实践性非常强。"中国改革开放和社会主义现代化建设的总设计师"这一历史定位，就突出地反映了邓小平理论所拥有的"实践第一"的品格。邓小平在开创中国特色社会主义道路和理论体系的过程中，将理论与实践紧密结合起来，对改革开放和社会主义现代化建设作出一系列基本设计。比如，党和国家基本政治路线设计，社会主义初级阶段的基本经济制度设计，社会主义经济体制改革设计，社会主义现代化发展战略设计，社会主义现代化发展的战略重点设计，对外开放目标、途径及步骤设计，社会主义民主法治建设的目标、途径设计，社会主义精神文明建设设计，实现祖国和平统

---

[1]《习近平谈治国理政》第一卷，外文出版社2020年版，第22页。

一的方式设计，党的建设的目标、要求设计，等等。这些相当于对一项宏大工程的全面设计，开创了中国特色社会主义的伟大实践，为坚持和发展中国特色社会主义奠定了坚实的实践基础。正是在这一基础上，党领导人民不断推进全面深化改革和全面对外开放，不断从广度和深度上推进社会主义现代化建设，拓展了改革开放和社会主义现代化建设的新局面。

党和国家基本政治路线设计，即党在社会主义初级阶段"一个中心、两个基本点"的基本路线设计。"一个中心、两个基本点"的基本路线，实质上是中国特色社会主义道路的主干设计、改革开放和社会主义现代化建设的主干设计。其他设计，都是这一主干设计的展开。1978年党的十一届三中全会前后，邓小平已经明确提出了以经济建设为中心、坚持改革开放和坚持四项基本原则的思想，并进行了深入阐发。但是，他没有急于把这些思想原则确立为党的根本性的政治路线。之后，他通过深入分析社会主义发展的客观规律和中国的基本国情，提出了中国还处于社会主义初级阶段的论断，从而为他制定党和国家的基本政治路线提供了坚实的理论和实际依据。1987年党的十三大根据他的意见，明确阐述了社会主义初级阶段的理论，正式概括和确立了党在社会主义初级阶段"一个中心、两个基本点"的基本路线。在1992年南方谈话中，他提出，"基本路线要管一百年，动摇不得"[①]。2017年，习近平总书记在党的十九大报告中指出：全党要"牢牢立足社会主义初级阶段这个最大实际，牢牢坚持党的基本路线这个党和国家的生命线、人民的幸福线"[②]。可见，党的"一个中心、

[①]《邓小平文选》第三卷，人民出版社1993年版，第370—371页。
[②]《习近平著作选读》第二卷，人民日报社2023年版，第10页。

两个基本点"的基本路线设计，是中国特色社会主义的"百年大计"。

社会主义初级阶段的基本经济制度设计，即公有制为主体、多种所有制经济共同发展的基本经济制度设计。改革是社会主义的自我完善，经济领域的所有制改革是社会主义基本经济制度的完善。公有制为主体、多种所有制经济共同发展，是邓小平主导设计的社会主义初级阶段的基本经济制度，也是他对经济领域所有制改革作出的基本设计。

改革开放初期，经济领域的改革主要是突破计划经济管理体制对生产力发展的束缚。到20世纪80年代私营个体企业、中外合资企业、外资企业等出现后，经济所有制的改革才成为经济领域改革的重点。党的十二大后，邓小平一方面积极鼓励非公有制经济发展，另一方面强调公有制经济的主体地位，初步形成了公有制为主体、多种所有制经济共同发展的思想。1984年10月，党的十二届三中全会通过的《中共中央关于经济体制改革的决定》（以下简称《决定》）提出：个体经济和外资经济都是社会主义经济中必要的、有益的补充，坚持多种经济形式和经营方式的共同发展是我们长期的方针。这个《决定》被邓小平称为"一个政治经济学的初稿，是马克思主义基本原理和中国社会主义实践相结合的政治经济学"[1]。1987年，党的十三大提出，在公有制为主体的前提下发展多种所有制经济。1997年，党的十五大正式将公有制为主体、多种所有制经济共同发展确立为我国社会主义初级阶段的基本经济制度。

---

[1]《邓小平文选》第三卷，人民出版社1993年版，第83页。

公有制为主体，多种所有制经济共同发展，不仅是社会主义初级阶段发展生产力的需要，也是实现社会共同富裕的需要。邓小平在主导设计这一基本经济制度时，始终将它与实现社会共同富裕联系在一起。20世纪80年代中期经济体制改革全面推开后，他一方面强调，公有制经济要始终占主体地位以为实现社会共同富裕提供重要保障；另一方面又指出，利用外资，发展其他所有制经济，都是"服从于发展社会主义经济这个总要求的"①，也是为了最终达到社会共同富裕的目标。改革开放四十多年来，我国在经济领域的改革之所以能够稳步推进，使社会主义经济获得巨大发展，一个很重要的原因就是，在所有制改革方面始终坚持了公有制为主体、多种所有制经济共同发展。习近平总书记多次强调公有制经济、非公有制经济都是社会主义市场经济的重要组成部分，必须坚持"两个毫不动摇"，即毫不动摇巩固和发展公有制经济，毫不动摇鼓励、支持、引导非公有制经济发展。

社会主义经济体制改革设计，即建立和完善社会主义市场经济体制的设计。建立和完善社会主义市场经济体制，无疑是邓小平对我国经济领域改革最重要、最具创新意义的设计。我国四十多年经济体制改革的过程，从某个角度讲，可以说就是建立和完善社会主义市场经济体制的过程。这一设计，不只是对经济领域的改革产生了深刻影响，而且对改革开放和社会主义现代化建设全局产生了广泛而深刻的影响。

经济体制改革的目标取向，对于经济领域改革的重要性不言而喻。邓小平对社会主义市场经济体制的设计是非常谨慎、循序

---

① 《邓小平文选》第三卷，人民出版社1993年版，第142页。

渐进的。早在党的十一届三中全会后不久，他就提出了"社会主义也可以搞市场经济"的设想，但限于当时历史条件没有急于下结论。20世纪80年代初，在开始酝酿全面经济改革时，邓小平意识到，不从根本上突破僵化的计划经济体制，全面经济改革是迈不开步的。因此，他提出要研究计划与市场的关系问题。他说："计划与市场的关系问题如何解决？解决得好，对经济的发展就很有利，解决不好，就会糟。"① 随着改革开放的深入，人们对计划与市场关系的认识逐步转变。1982年，党的十二大提出，以计划经济为主、市场调节为辅；1984年，党的十二届三中全会通过的《中共中央关于经济体制改革的决定》提出，我国社会主义经济是公有制基础上的有计划的商品经济；1987年，党的十三大提出，社会主义有计划商品经济的体制，应该是计划与市场内在统一的体制；1989年，党的十三届四中全会提出，建立适应社会主义有计划商品经济发展的、计划经济与市场调节内在统一的体制。经过十多年的探索和实践，1992年，邓小平在南方谈话中得出结论："计划多一点还是市场多一点，不是社会主义与资本主义的本质区别。计划经济不等于社会主义，资本主义也有计划；市场经济不等于资本主义，社会主义也有市场。"② 几个月后，党的十四大把建立社会主义市场经济体制作为我国经济体制改革的目标确立下来。这一目标的确立，为我国经济体制的全面改革指明了方向，给我国经济发展带来勃勃生机，为我国经济发展融入全球化浪潮提供了前提条件。

社会主义现代化发展战略设计，即小康社会目标设计和"三

---

① 《邓小平文选》第三卷，人民出版社1993年版，第17页。

② 同①，第373页。

步走"的现代化发展战略目标及步骤设计。小康社会目标，是邓小平对改革开放和社会主义现代化建设基本设计的神来之笔。这一设计契合了我国人民几千年来对理想社会的追求，极大地调动了最广大人民群众的积极性和创造性。改革开放四十多年，可以说是党领导人民从建设小康社会到全面建设小康社会到决胜全面建成小康社会再到全面建成小康社会的四十多年。

实现国家现代化是近代以来中国人民共同的愿望，一代又一代人为之进行了不懈奋斗。真正提出中国现代化建设战略目标和步骤并开启实际进程的是中国共产党。新中国成立后，1954年9月，周恩来在第一届全国人民代表大会第一次会议上代表党中央提出，建设强大的现代化的工业、现代化的农业、现代化的交通运输业和现代化的国防。这是中国共产党对我国实现"四个现代化"目标的最初概括。1964年底，周恩来在第三届全国人民代表大会第一次会议上对"四个现代化"的历史任务作了如下表述："就是要在不太长的历史时期内，把我国建设成为一个具有现代农业、现代工业、现代国防和现代科学技术的社会主义强国，赶上和超过世界先进水平。"① 中央还确定分两步走实现这一目标的战略构想，即从第三个五年计划开始，第一步，经过三个五年计划时期，建立一个独立的比较完整的工业体系和国民经济体系；第二步，全面实现农业、工业、国防和科学技术的现代化，使中国经济走在世界前列。"四个现代化"的奋斗目标对我国社会主义现代化建设产生了深远影响，但在社会主义建设探索中出现了失误和挫折。到20世纪70年代末，邓小平清醒地看到在世纪末

---

① 《周恩来选集》下卷，人民出版社1984年版，第439页。

实现国际标准的现代化是不可能的，因而提出"中国式的现代化"标准，即小康标准。80年代初期，他在考察江苏等经济发展较快的地区后，又提出了小康社会目标。在20世纪末，我国基本上实现小康，进入建设小康社会的发展阶段。在酝酿、设计小康目标和小康社会目标的过程中，邓小平提出了中国社会主义现代化建设"三步走"的战略目标及步骤。这就是：第一步，到20世纪80年代末，实现国民生产总值比1980年翻一番，解决人民的温饱问题；第二步，到20世纪末，使国民生产总值再增长一倍，人民生活达到小康水平；第三步，到21世纪中叶，人均国民生产总值达到中等发达国家水平，人民生活比较富裕，基本实现现代化。然后，在这个基础上继续前进。"三步走"的发展战略目标及步骤设计，使中国社会主义现代化建设和中华民族的伟大复兴，有了一个清晰、切实的路线图和时间表。

邓小平设计的社会主义现代化发展战略目标及步骤，是动态的不断发展完善的。进入21世纪后，党在领导人民推进小康社会建设的实践中，对小康社会建设又作了分阶段的设计，提出我国进入全面建设小康社会的阶段。党的十八大以后，以习近平同志为核心的党中央，对全面建成小康社会提出一系列新目标、新要求。2017年，党的十九大提出：从十九大到二十大，是"两个一百年"奋斗目标的历史交汇期。我们既要全面建成小康社会、实现第一个百年奋斗目标，又要乘势而上开启全面建设社会主义现代化国家新征程，向第二个百年奋斗目标进军。大会作出分两个阶段安排的部署，即"新两步走"：第一步，从2020年到2035年，在全面建成小康社会的基础上基本实现社会主义现代化；第二步，从2035年到21世纪中叶，在基本实现现代化的基础上,把我国建设成为富强民主文明和谐美丽的社会主义现代化强国。十九大的部署将邓小平设计的第三步战略目标基本实现现代化提前了15年,这是对邓小平现代化发展战略设计的丰富和发展,体现了党和人民的雄心壮志。

社会主义现代化发展的战略重点设计,从提出科学技术是第一生产力重大论断到"科教兴国"战略形成。中国社会主义现代化发展的战略目标,是由一个经济文化比较落后的国家追赶当代世界现代化潮流的目标,要求经济社会跨越式发展,隔几年上一个台阶。这就需要确定驱动全局的战略重点。邓小平把科学技术设计为战略重点,既是基于我国现代化发展的实际需要,也是基于我国科学技术比较落后的基本国情。

20世纪五六十年代以后,世界上发生第三次科技革命,并带来一场新的产业革命,科技成为生产力发展的决定性因素。但是,到20世纪70年代末,中国科技水平不仅总体上落后于发达国家至少20年,而且在某些方面落后于一些发展中国家,科技对经济增长的贡献率仅为25%,远远低于西方发达国家的70%。1978年,邓小平在全国科学大会开幕式上指出:"四个现代化,关键是科学技术的现代化。"[①]到20世纪80年代,西方发达国家进一步抓住产业革命机会,抢占科技发展制高点,引发世界范围内的高科技竞争。邓小平感到,仅仅重申"科学技术是生产力"这一马克思主义基本观点已经不够了。1988年,他提出"科学技术是第一生产力"的论断,并指出中国必须在世界高科技领域占有一席之地。邓小平的有关论述,确立了科学技术在我国现代化建设中的

---

① 《邓小平文选》第二卷,人民出版社1994年版,第86页。

重要地位，形成了他对我国社会主义现代化的战略重点设计。按照这一设计，1989年，党中央在全国科学技术大会上提出，"把经济建设真正转移到依靠科技进步和提高劳动者素质上来"。1995年，中共中央、国务院作出《关于加速科学技术进步的决定》，正式提出科教兴国战略。党的十八大以来，习近平总书记多次强调，要坚持"科学技术是第一生产力"的观点，党中央确立并实施了以科技创新为引领的创新驱动发展战略。

对外开放设计，即对外开放的基本目标、途径及步骤设计。四十多年来，中国的经济社会发展是在对外开放条件下取得的。没有日益扩大的对外开放，中国的发展是不可能的。邓小平不仅打开了中国对外开放的大门，而且为中国对外开放的基本目标、途径及步骤作出了基本设计。

邓小平设计的对外开放是长期持久的。1984年，开始进行全面经济体制改革的时候，邓小平就提出："对内经济搞活，对外经济开放，这不是短期的政策，是个长期的政策，最少五十年到七十年不会变。"① 他的意思实际上是长期不会变，因为经过长时间的对外开放，中国同世界各国在经济上的关系将更加紧密，中国的对外开放政策更不可能改变了。

邓小平设计的对外开放是全面、全方位的。从1978年党的十一届三中全会确立改革开放的方针后，经过十多年的探索实践，到1992年南方谈话，邓小平形成了他对对外开放基本目标的设计。这就是："吸收和借鉴人类社会创造的一切文明成果，吸收和借鉴当今世界各国包括资本主义发达国家的一切反映现代社

---

① 《邓小平文选》第三卷，人民出版社1993年版，第79页。

会化生产规律的先进经营方式、管理方法。"① 邓小平讲的"一切文明成果",包括物质文明成果和精神文明成果。

邓小平设计的对外开放包括多种形式和途径。改革开放初期,中国经济科技整体落后的情况决定对外开放主要是大量引进,包括技术、资金、智力等。到20世纪80年代中期之后,邓小平指出,中国经济要"由内向型转为外向型",能够打进国际市场。这样,就有了中国外向型经济的形成,有了大量的"中国制造"走向国际市场。

邓小平设计的对外开放是由点到面逐步扩大循序渐进的。对外开放的大门是一步步打开的。党的十一届三中全会后不久,邓小平即倡导推动建立深圳等四个经济特区,成为对外开放的"试验田"和"窗口"。经济特区取得成功经验后,邓小平提出,"考虑再开放几个港口城市"。到1988年,他形成由沿海地区带动内地的对外开放的设想。他指出,"沿海地区要加快对外开放,使这个拥有两亿人口的广大地带较快地先发展起来,从而带动内地更好地发展"②。按照这一设想,天津、上海、大连、烟台等14个沿海城市实行对外开放。与此同时,他还提出,"我们在内地还要造几个'香港'"③。按照这一设想,20世纪90年代初长江沿岸10个主要中心城市全部对外开放。此后,其他17个内陆省会城市以及一些内陆边境城市也相继对外开放。这样,就形成了从沿海到沿江、从沿海到内地、从东部到中西部的对外开放大格局。进入21世纪后,国际国内局势发生新的重大变化,经济全

---

① 《邓小平文选》第三卷,人民出版社1993年版,第373页。

② 同①,第277页。

③ 同①,第267页。

球化深入发展，中国只有进一步扩大对外开放，才能继续获得新的发展。习近平总书记在党的十九大报告中提出："中国开放的大门不会关闭，只会越开越大。"①

"九层之台，起于累土。"四十多年来，中国特色社会主义已经成为全党和全国十几亿人民广泛而深刻的社会实践，累积起了越来越深厚的实践基础。在这个基础上，中国特色社会主义进入新时代，获得了新的蓬勃生机和旺盛活力。

---

① 《习近平著作选读》第二卷，人民出版社2023年版，第28页。

邓小平与中国社会主义的命运

社会主义是中国人民的历史选择，社会主义在中国七十多年的实践，中华民族迎来了从站起来、富起来到强起来的伟大飞跃。社会主义已经同中国人民和中华民族的历史命运紧紧联系在一起了。中国社会主义的发展经历了无数艰难曲折，甚至可以说是经历了惊涛骇浪。几代中国共产党人接力奋斗，领导人民战胜一个又一个的困难和挑战，使中国社会主义在世界社会主义发展陷入低潮的时候，"风景这边独好"。邓小平是党的第二代中央领导集体的核心，为中国社会主义的振兴和发展作出了历史性的伟大贡献，不仅改变了中国社会主义的命运，而且改变了世界社会主义的命运。正如习近平总书记所指出的："邓小平同志对党和人民的贡献，是历史性的，也是世界性的。""邓小平同志的历史功勋是全方位的、开创性的，对中国和世界的影响是深刻的、长远的。"①

---

① 习近平：《在纪念邓小平同志诞辰120周年座谈会上的讲话》，人民出版社2024年版，第8页。

领导党和人民彻底纠正"左"的错误，开创中国特色社会主义新道路，使中国社会主义走出历史困境，重新焕发生机与活力

1956年中国建立社会主义制度，进入社会主义社会，但是对于怎么样在一个经济文化落后的人口大国搞社会主义建设，世界上没有成功的经验可以搬用。以毛泽东同志为主要代表的中国共产党人，决心领导人民在实践中探索出一条适合中国情况的社会主义建设道路，而且开了一个好头，在党的八大提出了一条正确的路线。然而，从20世纪50年代后期开始，由于各种原因，党的探索逐渐偏离正确方向，由经济建设急于求成发展到指导思想陷入"左"的错误，最后发展到"文化大革命"全局性的错误。林彪、江青反革命集团出于篡党夺权的目的，利用党的失误，煽动极左思潮，将"文化大革命"演变成一场全国性的灾难，使中国社会主义陷入严重的困境。

"文化大革命"结束后，党开始纠正"文化大革命"和党的指导思想上的错误，重新动员人民进行社会主义建设，国民经济有所复苏，党和国家正常秩序逐步恢复。但是，党在政治上还在徘徊中，"两个凡是"的新的"左"的错误思想深深地禁锢着人们的头脑，党内外思想混乱，各种政治问题和社会问题堆积如山。经济上，虽然在有些领域取得了一些成绩，但多年来造成的基础非常薄弱、比例严重失调的问题暴露出来，特别是人民生活水平没有得到相应提高，温饱问题没有解决，四个现代化建设步履维艰。

中国社会主义要走出困境，必须开创一条新道路。要开

创一条新道路，首先必须彻底打破"左"的思想严重束缚。邓小平在复出工作后，集中解决了这样两个根本性问题。

一是支持和推动真理标准问题大讨论，推翻"两个凡是"的错误方针，彻底纠正党长期以来指导思想上存在的"左"的错误，特别是"文化大革命"的错误。

"两个凡是"的错误方针，给党和人民全面纠正"文化大革命"的错误造成了严重的思想障碍。如果不推翻"两个凡是"，全党的思想只能继续陷在僵化状态，党和国家的工作只能率由旧章，继续陷在错误的轨道上。要推翻"两个凡是"，必须从根本的思想路线上解决问题。从1978年5月开始，邓小平和许多老一辈革命家支持、推动在党内外开展了一场关于真理标准问题的大讨论，重新提出"实践是检验真理的唯一标准"的科学论断，继而主导在1978年12月召开的党的十一届三中全会上否定"两个凡是"的错误方针，恢复确立党的实事求是的思想路线。

推翻"两个凡是"，恢复确立实事求是的思想路线，为彻底纠正长期以来党的指导思想上存在的"左"的错误提供了思想条件。邓小平主持起草《关于建国以来党的若干历史问题的决议》（以下简称《决议》），在充分总结新中国成立以来社会主义革命和建设所取得的历史成就和历史经验的同时，分析指出党在长时间里将阶级斗争扩大化和在经济建设及处理社会关系上的"左"的错误，特别是从根本上否定了"文化大革命"和作为其理论基础的"无产阶级专政下继续革命"的错误理论。新中国成立以来的历史，是同作为党和国家主要领导人的毛泽东紧密联系在一起的。《决议》对毛泽东同志和毛泽东思想作出正确、科学的评价，充分肯定了毛泽东的历史地位，将作为科学理论体系的毛泽东思想同毛泽东晚年的错误区别开来，既为彻底纠正党长期以来指导思想上存在的"左"的错误排除了障碍，又恢复了毛泽东思想的本来面貌，从根本上避免了毛泽东思想被继续歪曲、割裂和教条化的命运，使党的指导思想回到马克思主义的正确轨道上。在这一基础上，邓小平领导和推动解决各种历史遗留问题，调整社会关系，调动各方面积极因素，为开辟社会主义的新道路，奠定了最重要的思想基础和社会基础。

二是推动全党重新认识社会主义，实现党和国家工作中心的转移，作出实行改革开放的决策。

在推动解放思想的过程中，邓小平将党和人民对社会主义建设中出现的严重挫折与教训的反思，引导到对社会主义的重新认识上来。他指出："不解放思想不行，甚至于包括什么叫社会主义这个问题也要解放思想。"① 他对什么是社会主义，集中回答了一个带根本性的问题，这就是社会主义的根本任务问题。党的十一届三中全会前，1978年5月，邓小平在东北视察时即指出："社会主义制度优越性的根本表现，就是能够允许社会生产力以旧社会所没有的速度迅速发展，使人民不断增长的物质文化生活需要能够逐步得到满足。"② 后来，他不断阐发这一思想，完整地形成了社会主义的根本任务是解放生产力和发展生产力的思想。发展生产力，当然必须把经济建设放在中心地位；解放生产力，则需要不断变革、发展和完善社会主义具体制度，还要不断变革不适应生产力发展的生产关系和上层建筑，改革束缚生产力发展的经济体制。邓小平在为十一届三中全会做准备的中央工作会议上指

---

① 《邓小平文选》第二卷，人民出版社1994年版，第312页。
② 同①，第128页。

出，中国社会主义出现困局，关键"在于我们过去没有及时提出改革"，"如果现在再不实行改革，我们的现代化事业和社会主义事业就会被葬送。"①

正是在邓小平提出的这些思想的基础上，党的十一届三中全会决定将党和国家工作的中心转移到四个现代化建设上来，并作出实行改革开放的重大决策，中国特色社会主义道路由此发端。

重新确立实事求是的思想路线和全党对社会主义的新认识，为改革开放奠定了思想基础，中国开启了从僵化半僵化到全面改革，从封闭半封闭到对外开放的历史性转变。邓小平思考已久的社会主义新道路日益清晰。他在1982年党的十二大开幕词中提出了"建设有中国特色的社会主义"的重大命题。他指出："把马克思主义的普遍真理同我国的具体实际结合起来，走自己的道路，建设有中国特色的社会主义，这就是我们总结长期历史经验得出的基本结论。"②这标志着中国特色社会主义道路的形成。十二大闭幕几天后，邓小平在会见来访的朝鲜劳动党中央委员会总书记金日成时，肯定地说，"从十一届三中全会到十二大，我们打开了一条一心一意搞建设的新路"。③这一命题的提出，也标志着邓小平理论的形成。中国特色社会主义道路，成为历史逻辑与现实逻辑高度统一、理论与实践的高度结合。中国社会主义从此真正走出了困境，获得新的生机与活力。

---

① 《邓小平文选》第二卷，人民出版社1994年版，第150页。
② 《邓小平文选》第三卷，人民出版社1993年版，第3页。
③ 同②，第11页。

领导党和人民克服各种错误思想倾向的影响和阻力，战胜各种困难和挑战，不断把改革开放和社会主义现代化建设推向新的发展阶段，使中国社会主义道路越走越宽阔

改革开放是发展中国特色社会主义的必由之路，是决定中国社会主义命运的关键。改革是对原有体制的革命性变革，必然会既面临着固有的传统的"左"的思想观念的阻力，又面临着一些新的错误思潮的干扰，改革开放的每一步都是从同各种错误思想倾向的斗争中迈出的。改革开放是在探索中前进的，又必然面临各种难题、困难甚至风险和挑战。邓小平领导党和人民坚持开展反对"左"的和右的错误思想倾向的斗争，积极应对复杂的国际国内局势带来的风险和挑战，渡过一个又一个难关，不断把改革开放和社会主义现代化建设推向新的发展阶段，使中国社会主义道路越走越宽阔。

邓小平关于改革开放的重大决策，几乎都是克服"左"的僵化的思想倾向的结果。党的十二大之后，农村改革进一步深入发展，但城市经济体制改革还停留在起步阶段，如果不加快推进城市经济体制改革，就不可能形成全面改革开放的局面。但一些固有的传统的思想观念困扰着人们的思想和行动，比如，允不允许雇工经营的问题就是推进城市经济体制改革的一只"拦路虎"。在人们的传统观念里，雇工经营就是剥削，就是搞资本主义，有人认为是违反宪法的。为此，引发了党内一场激烈的争论。邓小平对雇工经营先是提出"听其自然,看两年再说"①,后又明确指出"冲击不了社会主义",并且提出对改革开放中出现的事物,要"有助于建设有中国特色的社会主义",要以"是否有助于人民的富裕幸福,是否有助于国家的兴旺发达,作为衡量做得对或不对的标准"。②为了打破僵化的思想观念对人们思想的束缚,他进而又提出了"改革是第二次革命"的论断,强调改革不是对原有经济体制的细枝末节的修补,而是革命性的变革。在他和陈云等的支持下,雇工经营得以发展。这个问题的突破,大大促进了以城市经济体制改革为重点的全面经济体制改革,大大促进了城乡多种经济成分、多种所有制经济发展;同时,为大规模引进外资,兴办中外合资、合作经营企业及外资独资企业,扩大对外开放,创造了必要条件。如果在这个问题上墨守成规,不敢越雷池一步,也就没有今天全面的社会主义市场经济。

兴办经济特区是对外开放的一大创举,是对外开放的窗口。但经济特区办起来之后,在经济秩序及社会管理方面出现了一些新问题。沿海地区包括经济特区,出现了严重的走私贩私和其他各种犯罪活动,同时内地不少地区,各种经济领域犯罪和其他犯罪也蔓延开来。中央即部署在全国开展打击经济领域犯罪和其他犯罪的斗争。由此,引发了党内外对经济特区的非议和责难。有人把经济领域犯罪和其他各种犯罪都归结于改革开放,特别是夸大经济特区建设中出现的问题,提出要对经济特区采取这样那样的限制措施。在中央召开的有关会议上,也有人全盘否定经济特区的工作,批评特区的改革"活过了头"。会议下发的文件中提

---

① 《邓小平年谱(1975—1997)》(下),中央文献出版社2004年版,第948页。
② 《邓小平文选》第三卷,人民出版社1993年版,第23页。

出，经济领域犯罪和其他犯罪"是我国当前社会主义社会在新的历史条件下阶级斗争的重要表现"，提出要"加强计划管理""把一切重要的经济活动都要纳入国家计划""严禁任何单位和个人进行对外经济活动"。

刚创办不久的经济特区有可能面临夭折，刚打开的这扇对外开放的窗户有可能重新关上。关键时刻，邓小平提出坚持改革开放与打击犯罪活动"两手抓"的方针，即一方面抓严厉打击犯罪，另一方面抓改革开放不动摇。对经济特区的工作，他提出主要是认真总结经验。为了澄清党内外对兴办经济特区的误解和疑惑，同时帮助解决特区建设中遇到的困难与问题，1984年1月下旬至2月中旬，他亲自视察了深圳、珠海、厦门经济特区和上海。经济特区改革开放取得的显著成绩和生动实践，使他更加坚定了扩大改革开放的信心和决心。回京后，他即约中央主要负责人谈话，明确指出："我们建立经济特区，实行开放政策，有个指导思想要明确，就是不是收，而是放。"他还就继续扩大对外开放，提出了一个影响全局的设想。这就是：除现在的特区外，可以考虑再开放几个点，增加几个港口城市，不叫特区，但可以实行特区的某些政策，还要考虑开发海南岛。①

邓小平视察特区和这次谈话，不仅使办经济特区的决策是对还是错，要不要坚持将特区办下去的是非之争终于有了明确结论，而且对于统一全党思想、进一步扩大对外开放，产生了深远的影响。之后，中央相继决定进一步开放由北至南十四个沿海港口城市，和将长江三角洲、珠江三角洲、闽南厦漳泉三角地区及

---

① 《邓小平年谱》第五卷，中央文献出版社2020年版，第261页。

辽东半岛、胶东半岛开辟为沿海经济开放区。我国对外开放在沿海从南到北次第铺开，形成多层次、梯度推进的新格局。经济特区、率先开放的沿海港口城市和沿海经济开放区，后来对我国的改革开放和社会主义现代化建设起到了非常重要的作用。

在改革开放的过程中，始终伴随着同主张照搬西方政治社会制度，反对中国共产党领导和社会主义制度的资产阶级自由化思潮的斗争；而且资产阶级自由化思潮泛滥往往影响中国政治和社会的稳定，处理不好这个问题，中国的改革开放就可能面临停滞不前或偏离正确方向的风险。邓小平是反对资产阶级自由化思潮的最坚定者，自己说反对资产阶级自由化他讲得最多。最重要的是，他总能带领党和人民通过开展反对资产阶级自由化的斗争，总结有益的经验教训，提出新的思想理论，开创改革开放和社会主义现代化建设新的局面。

1986年冬，主要因为党的思想战线软弱涣散，资产阶级自由化思潮泛滥，发生波及不少城市的学潮。西方媒体借机渲染中国政治、经济形势的严重性，宣称中国将出现大范围倒退，"重回'左'的路线"。邓小平在各种场合的讲话中指出，中国要总结经验，坚持党的十一届三中全会以来的路线、方针、政策，加快全面改革，扩大对外开放，努力推进现代化建设；并向国际社会表明中国改革开放的政策不会变，十一届三中全会以来的路线不会变，中国共产党将坚定不移地领导人民走建设有中国特色的社会主义道路。在他的主导和推动下，党和人民很快把注意力集中到改革开放和现代化建设上来。1987年10月召开的党的十三大，确立党在社会主义初级阶段"一个中心，两个基本点"的基本路线，提出我国社会主义现代化分"三步走"的发展战略目标，并对包括政治体制改革在内的全面改革和扩大对外开放,作出了新的战略部署。在对外开放方面,正式启动海南建省办大特区,成为我国形成多层次、多渠道、全方位对外开放的一个重要标志。

1989年春夏之交,由于国际的大气候和中国自己的小气候的影响,发生了一场严重的政治风波。风波发生后,西方国家打着"人权"的幌子"制裁"中国,掀起了一股反华浪潮,大有逼中国倒向西方或重走老路之势。一时间,干部群众思想陷入极大的混乱和困惑,中国的改革开放和现代化建设面临严峻的考验和挑战,中国又面临"举什么旗,走什么路"的选择。关键时刻,邓小平帮助党和人民理清了思想和思路。他交代新建立起来的中央领导集体:"改革开放政策不变,几十年不变,一直要讲到底。""要继续贯彻执行十一届三中全会以来的路线、方针、政策,连语言都不变。"① 他在强调坚持改革开放的同时,交代新的中央领导集体,要毫不动摇地反对资产阶级自由化,坚持四项基本原则,坚持社会主义道路。为了向国际社会表明中国改革开放的政策不变,并提振党和人民的精神,他倡导并推动启动浦东开发开放,振兴上海,带动长江三角洲及长江流域的发展。浦东的开发开放,提升了中国对外开放的整体水平。

进入20世纪90年代,国际形势进一步演变,随着东欧剧变和苏联解体,社会主义运动在世界范围内遭受重大挫折,但冷战结束后世界格局走向多极化,这对于中国来讲是挑战与机遇并存。中国国内的形势仍陷在政治风波和东欧剧变、苏联解体的阴影里。一些人对社会主义前途失去信心,一些人"左"的思想又

---

① 《邓小平文选》第三卷,人民出版社1993年版,第296页。

有所抬头，对改革开放产生怀疑。在这种情况下，1992年1月中旬到2月下旬，邓小平视察南方，就坚持党的"一个中心，两个基本点"基本路线，把改革开放和社会主义现代化继续推向前进的问题，发表了一系列谈话。他指出，坚持党的十一届三中全会以来的路线、方针、政策，关键是坚持党的基本路线，"基本路线要管一百年，动摇不得"。他指出，"改革开放胆子要大一些，敢于试验，不能像小脚女人一样。看准了的，就大胆地试，大胆地闯。"针对有人提出改革开放必须问姓"社"还是姓"资"，他提出判断改革开放的标准，"主要看是否有利于发展社会主义社会的生产力，是否有利于增强社会主义国家的综合国力，是否有利于提高人民的生活水平。"① 针对有人担心对外开放会引进资本主义，他指出"必须大胆吸收和借鉴人类社会创造的一切文明成果，吸收和借鉴当今世界各国包括资本主义发达国家的一切反映现代社会化生产规律的先进经营方式、管理方法"。他提出要抓住时机，发展自己，关键是发展经济，"总要力争隔几年上一个台阶"，"发展才是硬道理"。②

邓小平的南方谈话，深刻回答了束缚人们思想的许多重大认识问题，极大地促进了全党的新的思想解放，被称为又一个解放思想、实事求是的宣言。1992年召开的党的十四大根据邓小平南方谈话精神，对改革开放和社会主义现代化建设作出全面的战略部署，特别是确立了社会主义市场经济体制改革的目标。十四大后党和人民开拓奋进，掀起新一轮改革和发展的热潮，改革开放和社会主义现代化建设进入新的阶段，中国社会主义渡过一个重

---

① 《邓小平文选》第三卷，人民出版社1993年版，第372页。

② 同①，第370—378页。

大难关，柳暗花明。

确立中国特色社会主义的基本思路和基本原则，对改革开放和社会主义现代化建设作出基本设计，比较系统地回答了中国怎样建设社会主义、怎样巩固和发展社会主义的基本问题，为中国社会主义的发展提供了长远的指导，开辟了广阔的前景

习近平总书记指出，邓小平是"中国社会主义改革开放和现代化建设的总设计师，中国特色社会主义道路的开创者，邓小平理论的主要创立者"。[①]"坚持和发展中国特色社会主义是一篇大文章，邓小平同志为它确定了基本思路和基本原则"[②]。这些评价，高度概括了邓小平对中国特色社会主义理论与实践的开创性、奠基性贡献，这主要是指他提出并确立了中国特色社会主义的基本理论思路和实践原则，对改革开放和社会主义现代化建设作出了基本设计。

一个国家实行什么样的主义，关键要看这个主义能否解决这个国家面临的问题。邓小平一直强调理论要管用，他所确立的中国特色社会主义的基本理论思路和实践原则，对改革开放和社会主义现代化建设作出的基本设计，是从解决中国社会主义发展面临的历史和现实问题的实践中总结出来的。这些基本思路、基本原则和基本设计，比较系统地回答了中国怎样建设社会主义、怎

---

① 习近平：《在纪念邓小平同志诞辰120周年座谈会上的讲话》，人民出版社2024年版，第1—2页。

② 《习近平著作选读》第一卷，人民出版社2023年版，第80页。

样巩固和发展社会主义的基本问题，对于中国社会主义的发展具有长远的指导意义，为中国社会主义的发展开辟了广阔前景。

邓小平提出的中国特色社会主义基本理论思路和实践原则，深刻揭示了社会主义的发展道路、发展阶段、根本任务、发展动力、外部条件、政治保证、战略步骤、领导力量和依靠对象及祖国统一途径，等等。关于社会主义的发展道路，他强调走自己的路，不把书本当教案，不照搬外国模式，从中国的实际出发，实事求是，尊重群众的首创精神；关于社会主义发展阶段，他提出我国处在并长期处在社会主义初级阶段的论断，指出制定一切方针、政策都必须以这个基本国情为依据，不能超越阶段；关于社会主义的根本任务，他指出社会主义的本质是解放生产力，发展生产力，消灭剥削，消除两极分化，最终达到共同富裕，现阶段必须把发展生产力摆在首要的位置，以经济建设为中心，推动社会全面进步；关于社会主义发展动力，他强调改革也是一场革命，也是解放生产力，是中国实现现代化的必由之路；关于社会主义建设的外部条件，他强调要实行对外开放，吸收和利用世界各国包括资本主义发达国家所创造的一切先进文明成果来发展社会主义；关于社会主义的政治保证，他强调四项基本原则是立国之本。

邓小平对改革开放和社会主义现代化建设的基本设计，是他提出的中国特色社会主义基本理论思路和社会主义实践原则的具体化。主要包括：党和国家基本政治路线设计，即党在社会主义初级阶段"一个中心，两个基本点"的基本路线设计；社会主义初级阶段以公有制为主体，多种所有制经济共同发展的基本经济制度设计；社会主义经济体制改革目标设计，即建立和完善社会主义市场经济体制的设计；社会主义政治体制改革目标的设计，即发展社会主义民主、健全社会主义法制的设计；社会主义现代化建设的战略重点设计，即将发展科学技术作为现代化建设战略重点的设计；对外开放设计，即全面、全方位、多种形式和多种渠道对外开放的设计；社会主义精神文明建设设计，即在建设高度物质文明的同时，建设高度的社会主义精神文明，两个文明一起抓的设计；社会主义现代化发展战略步骤设计，即小康目标和"三步走"的现代化发展战略目标、步骤，包括新中国用一百年时间建设成中等水平发达国家的目标设计。

邓小平在南方谈话中说："我们搞社会主义才几十年，还处在初级阶段。巩固和发展社会主义制度，还需要一个很长的历史阶段，需要我们几代人、十几代人，甚至几十代人坚持不懈地努力奋斗，决不能掉以轻心。"[1] 他对改革开放和社会主义现代化建设作出的这些基本设计，是着眼于中国社会主义长远发展和中华民族伟大复兴大业的战略设计。这突出表现在他关于小康社会目标和"三步走"的现代化发展目标、步骤和新中国用一百年时间建成中等水平发达国家的设计上。进入21世纪后，党在领导人民推进小康社会建设的实践中，对小康社会建设又作了分阶段的安排，提出我国进入全面建设小康社会的阶段。党的十八大以后，以习近平同志为核心的党中央对全面建成小康社会又提出了一系列新目标、新要求，并且进一步完善邓小平关于新中国用一百年建成中等水平发达国家的目标设计，作出"新两步走"的战略安排。即第一步，从2020年到2035年，在全面建成小康社会的基

---

[1]《邓小平文选》第三卷，人民出版社1993年版，第379—380页。

础上基本实现社会主义现代化；第二步，从2035年到本世纪中叶，新中国成立一百年时，在基本实现社会主义现代化的基础上，把我国建设成为富强民主文明和谐美丽的社会主义现代化强国。2022年召开的党的二十大明确提出："从现在起，中国共产党的中心任务就是团结带领全国各族人民全面建成社会主义现代化强国、实现第二个百年奋斗目标，以中国式现代化全面推进中华民族伟大复兴。"①

全面建设社会主义现代化国家，正在一步步地变成现实，中国社会主义越来越表现出强大的生命力，展现出广阔壮丽的前景。

---

① 习近平：《高举中国特色社会主义伟大旗帜　为全面建设社会主义现代化国家而团结奋斗——在中国共产党第二十次全国代表大会上的报告》，人民出版社2022年版，第21页。

邓小平理论的历史地位及其形成发展过程

党的十八大以后，中国特色社会主义进入新时代，党的理论创新步伐明显加快。理论创新是一个承前启后的过程。对进入改革开放和社会主义现代化建设新时期以来形成并不断发展的中国特色社会主义理论，作一些宏观的研究，尤其是对具有本源性的邓小平理论的历史地位及其形成发展过程，作一些追本溯源的历史考察，于党的理论创新应是有益的。

邓小平理论的历史地位

邓小平理论的历史地位应从两个角度考察。

一是邓小平理论作为党的指导思想，在党和党的事业发展中的地位。同毛泽东思想经过一个过程才被确立为党的指导思想一样，邓小平理论被确立为党的指导思想也经过了一个过程。这是因为其成为党的指导思想，需要一个接受实践检验的过程。

将邓小平理论确立为党的指导思想，是1997年召开的党的十五大。从1978年党的十一届三中全会到1997年党的十五大，刚好是20年时间。这20年，是中国改革开放和现代化建设实践发展的20年，也是邓小平理论形成发展的20年。实践，在推动着理论的发展成熟，同时又在检验着理论的科学性和科学价值。到1997年时，一方面，中国的改革开放和社会主义现代化建设实践取得了巨大的成功；另一方面，在改革开放和社会主义现代化建设实践中形成的邓小平理论，已经成为一个比较完整的科学体系。实践的成功和理论的成熟，为将邓小平理论确立为党的指导思想，准备了必要的条件。十五大通过的党章，明确将邓小平理论确立为党的指导思想。十五大报告指出："实践证明，作为毛泽东思想的继承和发展的邓小平理论，是指导中国人民在改革开放中胜利实现社会主义现代化的正确理论。在当代中国，只有把马克思主义同当代中国实践和时代特征结合起来的邓小平理论，而没有别的理论能够解决社会主义的前途和命运问题。"

之后，党的十六大、十七大和十八大坚持了十五大的这个结论。十八大提出要"高举中国特色社会主义伟大旗帜，以邓小平理论、'三个代表'重要思想、科学发展观为指导"。十八大以后，习近平总书记强调：全党同志必须坚持以马克思列宁主义、毛泽东思想、邓小平理论、"三个代表"重要思想、科学发展观为指导，毫不动摇坚持和发展中国特色社会主义。2014年8月，习近平总书记在纪念邓小平同志诞辰110周年座谈会上指出："邓小平同志留给我们的最重要的思想和政治遗产，就是他带领党和人民开创的中国特色社会主义，就是他创立的邓小平理论。"[1]

---

[1]《习近平著作选读》第一卷，人民出版社2023年版，第254页。

习近平总书记还指出："坚持和发展中国特色社会主义是一篇大文章，邓小平同志为它确定了基本思路和基本原则，以江泽民同志为核心的党的第三代中央领导集体、以胡锦涛同志为总书记的党中央在这篇大文章上都写下了精彩的篇章。现在，我们这一代共产党人的任务，就是继续把这篇大文章写下去。"①这一重要论述，精辟地揭示了几代共产党人接续推进中国特色社会主义事业的关系，特别是明确揭示了邓小平理论在党和党的事业发展中的历史地位，这就是：邓小平理论为坚持和发展中国特色社会主义这篇大文章确定了"基本思路和基本原则"。

二是，邓小平理论在中国特色社会主义理论体系中的地位。"中国特色社会主义理论体系"这个概念是党的十七大提出来的。这个体系是开放的，还将随着实践的发展而不断发展。那么，邓小平理论在这个理论体系中是什么样的地位呢？

邓小平理论是中国特色社会主义理论体系的本源性理论。首先，因为邓小平理论提出了"中国特色社会主义"这个基本命题，使中国特色社会主义理论体系有了明确的科学的主题，这是带本源性的，一切都从这里发脉。其次，因为邓小平理论基本回答了什么是社会主义、怎样建设社会主义，建设一个什么样的党、怎样建设党，实现什么样的发展、怎样发展，这样三个中国特色社会主义理论体系所要解决的基本问题，也就是习近平总书记指出的，坚持和发展中国特色社会主义的"基本思路和基本原则"。这些"基本思路和基本原则"构成了中国特色社会主义理论体系的"本"和"源"，这个理论体系后来的丰富发展，都是

---

① 《习近平著作选读》第一卷，人民出版社2023年版，第80页。

在这个"本"和"源"基础上的丰富和发展。

邓小平理论是中国特色社会主义理论体系的开创性和原创性理论。理论创造是在前人思想遗产的基础上实现的。马克思说:"人们创造自己的历史,但是他们不是随心所欲地创造,并不是他们自己选定条件下创造,而是在直接碰到的、既定的、从过去继承下来的条件下创造。"① 吸收前人的成果或者在前人的基础上创造出一个新的思想体系,就是原创,是原创性成果。马克思、恩格斯创立科学社会主义,继承、吸收了包括空想社会主义在内的各种社会主义学说的积极因素,形成了一个新的科学体系,不仅是开创性的理论,而且是原创性理论。邓小平理论继承科学社会主义的基本原理,继承、吸收了毛泽东等探索社会主义建设道路的积极的思想成果,形成了科学社会主义的新的理论体系。毫无疑问,它不仅是开创性的,而且是原创性的,是由一系列开创性和原创性的思想、理论观点构成的。

邓小平理论的形成发展过程

任何一种科学理论,总有一个形成发展过程。这个过程贯穿着两个逻辑发展,一个是历史逻辑,一个是理论逻辑。邓小平理论的形成发展大体分为这样几个阶段。

第一个阶段,从邓小平复出工作到党的十一届六中全会:邓小平理论形成雏形。

邓小平创立新的理论之初,所做的理论准备与铺垫,主要还

---

① 《马克思恩格斯选集》第一卷,人民出版社 2012 年版,第 173 页。

是在党的指导思想上拨乱反正，使党的指导思想重新回到马克思主义正确轨道上来。包括他 1977 年复出工作前后批评"两个凡是"，强调完整准确地理解毛泽东思想科学体系；1978 年领导并推动真理标准问题大讨论，重新恢复和确立实事求是的思想路线；再到 1979 年开始主持起草《关于建国以来党的若干历史问题的决议》，重新确立毛泽东思想的指导地位，等等。这些工作，为创立新的科学理论扫清了道路，也为创立新的科学理论打下了思想基础。

党的十一届三中全会前后邓小平理论开始形成，主要表现在以下几个方面。

一是提出了以经济建设为中心的思想。早在十一届三中全会前，1978 年 9 月，邓小平在东北三省考察时就指出，社会主义要使社会生产力迅速发展，要满足人民群众不断增长的物质文化生活需要，要结束揭批"四人帮"的运动，将工作重点转移到生产和业务工作来。十一届三中全会是 1978 年 12 月底召开的，11 月 10 日至 12 月 15 日召开了为三中全会做准备的中央工作会议，邓小平提议会议要讨论从 1979 年起把全党工作重点转移到社会主义现代化建设上来的问题。会议期间，11 月 16 日，邓小平在同有关人员谈他在中央工作会议上的讲话稿修改问题时，又着重强调了工作重点转移问题。根据他的意见修改的讲话稿，主要阐述工作重点转移的意义和怎样实现转移的问题。到 11 月底，中央工作会议和党内外的思想状况发生了新的变化，党内对党的工作重点转移的认识已趋向统一。邓小平觉得对工作重点转移的问题不需要多讲了，于是自己动手重新拟写了一个讲话提纲，主要讲解放思想、实事求是、团结一致向前看的问题。

二是提出了改革开放的思想和基本的政策。 1978年12月党的十一届三中全会召开前，邓小平就在10月召开的中国工会第九次全国代表大会上指出："要大幅度地改变目前落后的生产力，就必然要多方面地改变生产关系，改变上层建筑，改变工农企业的管理方式和国家对工农业企业的管理方式，使之适应于现代化大经济的需要。"[①] 在上述中央工作会议上，他在《解放思想，实事求是，团结一致向前看》的讲话中提出："如果再不实行改革，我们的现代化事业和社会主义事业就会被葬送。"他提出："要允许一部分地区、一部分企业、一部分工人农民，由于辛勤努力成绩大而收入先多一些，生活先好起来。"[②] 这就是后来人们所概括的"先富带后富"的大政策。1978年7月，他在会见外宾时批评"四人帮"将自力更生歪曲为闭关自守，提出中国"有条件吸收世界一切先进科学技术成果，勇敢地向国际上一切先进的东西学习"。[③] 这年9月，他在会见外宾时更加明确地指出"关起门来搞建设是不行的"。[④]

三是提出了坚持四项基本原则的思想。 在真理标准问题大讨论中，特别是在党的十一届三中全会后，党内外出现了"左"和右的两种错误思想倾向。一些人长期以来受"左"的思想影响，对十一届三中全会的路线、方针、政策不理解，甚至产生抵触情绪；一些人则以拨乱反正、反思历史为借口，夸大新中国成立以来党在指导思想上和实际工作中的错误，否定党的历史，否定

---

① 《邓小平文选》第二卷，人民出版社1994年版，第135—136页。
② 同①，第150、152页。
③ 《邓小平年谱》第四卷，中央文献出版社2020年版，第342页。
④ 同③，第389页。

毛泽东和中国共产党的领导，否定社会主义制度。1979年3月，邓小平在理论工作务虚会上作题为《坚持四项基本原则》的长篇讲话，明确指出在中国实现四个现代化，必须在思想政治上坚持社会主义道路，坚持无产阶级专政，坚持共产党的领导，坚持马列主义、毛泽东思想，并说这是实现四个现代化的根本政治前提。

到1981年6月党的十一届六中全会通过《关于建国以来党的若干历史问题的决议》，全面总结新中国成立以来的历史经验，概括十一届三中全会以来党的路线、方针、政策，得出一个结论：三中全会以来，我们党已经逐步确立了一条适合我国情况的社会主义现代化建设的道路。《决议》还从十个方面对这条道路的基本观点作了概括。这十个方面的基本观点，实际上就是当时邓小平关于改革开放和社会主义现代化建设的主要思想、观点，可以说就是邓小平理论的雏形。

第二个阶段：从党的十二大到十三大：邓小平理论形成基本轮廓。

从党的十二大到党的十三大，是我国经济体制改革从以农村为重点到以城市为重点全面展开的时期，也是邓小平理论全面展开发展的时期。邓小平理论的一些核心思想、观点，是在这个时期形成或者发展成熟的。

一是"建设有中国特色的社会主义"的命题。 在1982年9月召开的党的十二大上，邓小平在开幕词中提出："走自己的道路，建设有中国特色的社会主义，这就是我们总结长期历史经验得出的基本结论。"① 建设有中国特色的社会主义这一命题的提出，

---

① 《邓小平文选》第三卷，人民出版社1993年版，第3页。

使邓小平理论有了一个鲜明的主题。

二是社会主义初级阶段的理论。社会主义初级阶段理论，是中国特色社会主义理论体系的基石。1981年6月由邓小平主持起草的《关于建国以来党的若干历史问题的决议》提出，我国的社会主义社会现在还处于初级阶段。1986年9月由邓小平指导起草的《关于社会主义精神文明建设指导方针的决议》，正式提出"我国还处在社会主义的初级阶段"。

三是"一个中心，两个基本点"的基本路线。党的十一届三中全会前后，邓小平先后提出了"以经济建设为中心""坚持四项基本原则""坚持改革开放"的思想、观点。1987年，党的十三大将之概括为"一个中心，两个基本点"，并确立以其为核心内容的党在社会主义初级阶段的基本路线。

四是社会主义现代化建设"三步走"的发展战略目标和战略步骤。1979年，邓小平从中国的基本国情和实际出发，提出"中国式的现代化"和现代化的"中国标准"，这就是人均国民生产总值1000美元的小康目标。1983年，他在对江浙、上海等发展较快的地区进行调查研究之后，提出了一个新的发展目标，这就是小康社会。在酝酿提出小康社会目标的过程中，他又提出了中国现代化建设"三步走"的战略目标和战略步骤。即第一步，解决人民的温饱问题，当时已经基本实现了；第二步，到20世纪末人民生活达到小康水平；第三步，到21世纪中叶，达到中等发达国家水平。

五是关于社会主义的根本任务是发展生产力的思想。1984年6月，邓小平在会见来访的日本人士的谈话中指出："社会主义阶段的最根本任务就是发展生产力，社会主义的优越性归根到底要体现在它的生产力比资本主义发展得更快一些、更高一些，并且在发展生产力的基础上不断改善人民的物质文化生活。"①

六是关于社会主义有计划商品经济理论。 在1979年改革开放初期，邓小平就提出了社会主义也可以搞市场经济的论断。之后，他多次讲到社会主义与市场经济的关系，指出："社会主义和市场经济之间不存在根本矛盾。"1987年党的十三大摒弃了长期使用的"计划经济为主"的提法，明确指出"社会主义有计划商品经济的体制应该是计划与市场内在统一的体制"，向党的十四大确立社会主义市场经济体制改革的目标，大大地跨进了一步。

七是关于政治体制改革的目标要求和社会主义民主政治建设目标。 1980年8月，邓小平在中央政治局扩大会议上所作的《党和国家领导制度的改革》的讲话中，提出了党和国家领导体制改革和加强社会主义民主政治建设的基本目标和要求。主要是：巩固社会主义制度，保持党和国家的活力，发扬社会主义民主，加强社会主义法制，调动人民群众积极性。1982年在党的十二大上，他又提出了"把我国建设成为现代化的、高度文明、高度民主的社会主义国家"的目标。

八是社会主义精神文明建设理论。 1982年党的十二大初步提出了建设高度的社会主义精神文明的目标。1986年党的十二届六中全会，通过由邓小平主导起草的《中共中央关于社会主义精神文明建设指导方针的决议》，全面提出了建设高度的社会主义精神文明的目标要求和基本途径，社会主义精神文明建设的理论基本形成。

---

① 《邓小平文选》第三卷，人民出版社1993年版，第63页。

九是"一国两制"实现祖国统一的构想。 1982 年 1 月，邓小平将中国共产党和中国政府解决台湾问题的构想概括为"一国两制"。1983 年 6 月，他对这一构想的具体内涵作了全面阐释。"和平统一、一国两制"即成为党和政府对台工作的基本方针。

上述核心思想、观点和论断的形成，使邓小平理论的理论逻辑更加清晰。1987 年党的十三大总结十二大以来改革开放和社会主义现代化建设的理论与实践，概括出十二个基本观点，并且指出这些基本观点"初步回答了我国社会主义建设的阶段、任务、动力、条件、布局和国际环境等基本问题"，"构成了建设有中国特色的社会主义理论的轮廓"。这一理论轮廓实际上就是邓小平理论的轮廓。

第三个阶段，从党的十三大到十四大：邓小平理论体系形成阶段。

从 1987 年党的十三大到 1992 年党的十四大，是我国深化改革、扩大开放、加速发展的时期，也是我国改革开放和社会主义现代化建设面临严重挑战的时期。国内 1988 年下半年发生物价风波，1989 年春夏之交发生政治风波；国际上东欧剧变，苏联解体，世界社会主义运动陷入低潮。

面对国内和国际局势的挑战，邓小平有了新的思考。1992 年春，他视察南方发表谈话，提出了一系列扩大改革开放、加快发展的新观点和新思路。他提出："革命是解放生产力，改革也是解放生产力。"判断改革开放措施是姓"资"还是姓"社"的标准是，"是否有利于发展社会主义社会的生产力，是否有利于增强社会主义国家的综合国力，是否有利于提高人民的生活水平。""社会主义的本质，是解放生产力，发展生产力，消灭剥削，消除两极分化，最终达到共同富裕。""计划多一点还是市场多一点，不是社会主义与资本主义的本质区别。""右可以葬送社会主义，'左'也可以葬送社会主义。""抓住时机，发展自己，关键是发展经济。"①

邓小平南方谈话，是我国改革开放和社会主义现代化建设发展的一个新的里程碑，也是邓小平理论体系形成的重要标志。

1992年召开的党的十四大，在提出"邓小平同志建设有中国特色社会主义的理论"概念时，从社会主义的发展道路、发展阶段、根本任务、发展动力、外部条件、政治保证、战略步骤、党的领导和依靠对象及祖国统一等十个方面，对这一理论的内涵作了较全面的归纳和概括，并揭示了这十个方面的基本观点之间的逻辑关系。1995年，经中央批准，中央宣传部组织力量编写了一本《邓小平同志建设有中国特色社会主义理论学习纲要》，基本上按照十四大的这一概括，从以下若干方面，对邓小平建设有中国特色社会主义理论体系作了全面系统的阐释：关于社会主义本质和社会主义发展道路的理论，关于社会主义发展阶段的理论，关于社会主义根本任务的理论，关于社会主义建设发展战略的理论，关于社会主义发展动力的理论，关于社会主义国家对外开放的理论，关于社会主义建设政治保证的理论，关于祖国统一的理论，关于社会主义事业依靠力量的理论，关于社会主义事业领导核心的理论，等等。

党的十五大正式提出"邓小平理论"的概念，并将其确立为党的指导思想，没有再对其体系作新的概括和阐述，但明确指

---

① 《邓小平文选》第三卷，人民出版社1993年版，第370—378页。

出，这一理论"形成了新的建设有中国特色社会主义理论的科学体系"，并指出这一理论从两个方面体现了科学体系性。

一是，它第一次比较系统地初步回答了中国社会主义的发展道路、发展阶段、根本任务、发展动力、外部条件、政治保证、战略步骤、党的领导和依靠对象及祖国统一等一系列基本问题。这是指，邓小平理论作为科学社会主义学说新成果，其基本内容和基本观点的体系化。

二是，它贯通哲学、政治经济学、科学社会主义等领域，涵盖经济、政治、科技、教育、文化、民族、外交、统一战线、党的建设等各方面。这是指，邓小平理论作为社会科学理论，它所涉及的科学领域的体系化。

我们要进一步把握邓小平理论的理论体系，重点要把握邓小平理论作为科学社会主义学说新成果的基本内容和基本观点构成的科学体系。这个科学体系，就是它围绕什么是社会主义和怎么样建设社会主义的基本问题，所提出的社会主义的发展道路、发展阶段、根本任务、发展动力、外部条件、政治保证、战略步骤、党的领导和依靠对象及祖国统一等十个方面的思想观点和政策主张所构成的思想理论体系。

邓小平理论历史地位和科学价值的几个基本论断

党的十一届三中全会以来，在创立邓小平理论的过程中，一直伴随着怎样看待它与马克思列宁主义、毛泽东思想的关系的问题。对这个问题作出科学的回答，既是确认邓小平理论的科学价值、确立其党的指导思想地位的需要，也是推动这个理论继续发展的需要。我们党努力探求、解答这个问题，不断形成新的认识，经过党的十二大、十三大特别是十四大，到十五大作出了全面的、完整的科学论断。

对党的十五大关于这个问题的几个基本论断进行考察与分析，我们会看到：（一）这些论断都有一个发展过程，是与邓小平理论的创立过程及其历史地位的确立过程紧密联系的，大都是在对邓小平理论的基本思想观点进行概括时提出的。（二）这些论断同时反映着我们党对邓小平理论的认识水平。随着对邓小平理论的认识的深化和提高，对它与马克思列宁主义、毛泽东思想的关系的认识也在不断深化和提高。（三）这些论断之间既具有内在的联系，相互交叉涵盖，又具有各自不同的内涵，即从不同的角度揭示了邓小平理论与马克思列宁主义、毛泽东思想的关系。

基本论断之一：邓小平理论是马克思列宁主义基本原理与当代中国实际和时代特征相结合的产物，是毛泽东思想在新的历史条件下的继承和发展。

这既是对邓小平理论的定义，又是关于邓小平理论与马克思列宁主义、毛泽东思想关系的论断。它与我们党创立邓小平理论的基本思路相衔接，随着邓小平理论的形成而形成并完善起来。

1980年，在《关于建国以来党的若干历史问题的决议》（以下简称《决议》）刚刚开始起草时，邓小平就提出，"我们要恢复毛泽东思想，坚持毛泽东思想，以至还要发展毛泽东思想"。①恢复、坚持、发展毛泽东思想，这是邓小平对待毛泽东思想的态度，也是他创立新的理论的基本思路。《决议》在初步概括党的十一届三中全会以来的路线、方针、政策的基础上，提出"要坚持毛泽东思想"，要在新的实践中丰富和发展我们党的理论，"保证我们的事业沿着马克思列宁主义、毛泽东思想的科学轨道前进"。

1982年9月召开的党的十二大，总结改革开放的实践经验，概括出了许多新的思想。例如，坚持国营经济的主导地位和发展多种经济形式，实行计划经济为主、市场调节为辅，实行民主制度化、法律化，等等。这些思想，大大发展了党的十一届三中全会以来的路线、方针、政策。因此，十二大报告第一次确认："我们恢复了毛泽东思想的本来面目，在新的历史条件下坚持和发展了毛泽东思想。"并提出，"在新的伟大实践中，积累新的经验，

---

① 《邓小平年谱（1975—1997）》（上），中央文献出版社2004年版，第649页。

创造新的理论,把马克思列宁主义、毛泽东思想推向前进"。

这个新的理论是个什么理论呢?邓小平在党的十二大开幕词中提出"建设有中国特色的社会主义"的重大命题,这实际上就是要创造的"新的理论"的主题。十二大报告和邓小平提出的这个命题结合起来,进一步明确了理论创新的思路。

1987年7月,党的十三大第一次提出"建设有中国特色社会主义理论"的概念,初步概括了这个理论的十二个基本思想观点,指出这些思想观点构成了建设有中国特色社会主义理论的轮廓,并提出这一理论实现了马克思主义与中国具体实际相结合"第二次飞跃"的论断。

党的十三大以后,国际局势发生了巨大变化,特别是苏联和东欧一些国家发生政治剧变。在国内,出现了1989年春夏之交的政治风波,再加上由于改革的深化逐渐触及一些深层的问题,一些人对建设有中国特色社会主义的理论与实践的认识出现了混乱,"左"的和右的错误倾向都有。在这种情况下,确认建设有中国特色社会主义理论的科学价值,确立这一理论的指导地位,这一历史责任落到了以江泽民同志为核心的第三代中央领导集体身上。

我们党从七大以来一直是以马克思列宁主义、毛泽东思想作为指导思想的。要确认建设有中国特色社会主义理论的马克思主义的科学价值,确立这一理论的指导地位,必须科学地认识和判断它与马克思列宁主义、毛泽东思想的关系。1991年7月,江泽民在庆祝中国共产党成立七十周年大会上,系统地论述了建设有中国特色社会主义经济、政治和文化三个方面的内容,特别指出:邓小平"提出的关于建设有中国特色社会主义的理论、路线、方针和原则","是在新的历史条件下对马克思列宁主义、毛泽东思想的一个最重大的贡献","在新的历史条件下,对马克思列宁主义、毛泽东思想的丰富和发展"。①这样,不仅初步明确了邓小平作为建设有中国特色社会主义理论创立者的地位,而且揭示了建设有中国特色社会主义理论与马克思列宁主义、毛泽东思想的关系。

1992年春,邓小平视察南方发表重要谈话,提出关于社会主义的本质等重要的思想观点,基本完成了他的理论创造活动。6月9日,江泽民在中央党校省部级干部进修班上的讲话中说:我通过学习小平同志一系列重要讲话和文章,"对于他在新的历史条件下对马克思列宁主义、毛泽东思想的新发展和对科学社会主义理论的新贡献,有了更深切的认识","小平同志所提出的各种重要的理论观点和实际决策,都体现了马克思主义的基本原理同中国现代化建设具体实际的结合和统一"。这一讲话内容,反映了全党在邓小平南方谈话以后对邓小平建设有中国特色社会主义理论认识的深化,反映了全党对邓小平建设有中国特色社会主义理论与马克思列宁主义、毛泽东思想关系的认识,达到了新的高度。

江泽民上述两次讲话,不仅为党的十四大正式明确邓小平作为建设有中国特色社会主义理论创立者的地位打下了基础,而且为十四大在对建设有中国特色社会主义理论的定义中,明确它与马克思列宁主义、毛泽东思想的关系打下了基础。十四大报告指出:建设有中国特色社会主义的理论,"是马克思列宁主义基本原理与当代中国实际和时代特征相结合的产物,是毛泽东思想的

---

① 江泽民:《在庆祝中国共产党成立七十周年大会上的讲话》,人民出版社1991年版,第11页。

继承和发展"。

五年之后，党的十五大基本上沿用了十四大的这一论断，只是将其中"是毛泽东思想的继承和发展"这句话作了一点扩充，变成"是毛泽东思想在新的历史条件下的继承和发展"。

这一论断中，"马克思列宁主义基本原理与当代中国实际和时代特征相结合的产物"与"毛泽东思想在新的历史条件下的继承和发展"，这两个层次是统一的，相互补充、相互涵盖的。说邓小平理论是马克思列宁主义基本原理与当代中国实际和时代特征相结合的产物，突出了它的马克思列宁主义的渊源，但是并没有跳过毛泽东思想，因为在当代中国，马克思列宁主义的基本原理已经深入贯穿在毛泽东思想中，邓小平理论直接继承和发展了毛泽东思想。

基本论断之二：马克思主义同中国实际相结合产生了两次历史性飞跃，形成了毛泽东思想和邓小平理论两大理论成果。

这一论断是从党的十三大的论述发展而来的。1987年召开的十三大指出：马克思主义与我国实践结合过程中"有两次历史性飞跃"，"第二次飞跃，发生在十一届三中全会以后，中国共产党人在总结建国三十多年来正反两方面经验的基础上，在研究国际经验和世界形势的基础上，开始找到一条建设有中国特色的社会主义的道路，开辟了社会主义建设的新阶段。"这一论述同后来党的十四大关于"两次飞跃"的论断的差异在于：这一论述突出的是"第二次飞跃"的实践成果，还没有能够明确地概括它的理论成果。十三大的论述是在当时的历史情况下形成的。十三大召开时的情况是：从"以阶级斗争为纲"向以经济建设为中心的转变已经完成；从封闭半封闭到改革开放的转变，还处在邓小平南方谈话前的程度；经济体制改革的目标，还停留在建立社会主义有计划的商品经济上。因此，十三大虽然对建设有中国特色社会主义理论的主要观点作出了概括，但同时指出这一理论还只是构成了一个轮廓。也就是说，"第二次飞跃"在理论上的成果还未最后完整形成。但是当时改革开放和社会主义现代化建设已经积累了丰富的经验，在实践中已经找到并已经走上了一条建设有中国特色社会主义道路。所以，十三大对"第二次飞跃"的概括，突出的是它的实践意义。

到五年后党的十四大召开时，建设有中国特色社会主义从理论到实践获得了巨大的发展，特别是十四大确立了建立社会主义市场经济体制的目标，三个历史性转变从而全面实现。在这种背景下，十四大对建设有中国特色社会主义理论作了全面的、系统的概括，并且明确了邓小平作为理论创立者的地位。

至此，马克思主义与中国实际相结合的"第二次飞跃"，从实践到理论全面实现。1993年11月，江泽民在学习《邓小平文选》报告会上提出："在马克思主义基本原理与中国实际相结合的第二次历史性飞跃中，创立了建设有中国特色社会主义的理论。"[1] 1997年2月，江泽民在邓小平同志追悼大会上所致悼词中，完整地提出了马克思主义与中国实际相结合的"两次历史性飞跃"和"两大理论成果"的论断。他说："在这两次伟大革命的进程中，实现了马克思主义同中国实际相结合的两次历史性飞跃，形成了两大理论成果，这就是毛泽东思想和邓小平建设有中国特色社会主义理论。"[2]

---

[1]《江泽民思想年编（1989—2008）》，中央文献出版社2010版，第133—134页。
[2]《江泽民文选》第一卷，人民出版社2006年版，第628页。

这一论断不仅划分了马克思主义中国化的历史阶段，高度概括了马克思主义中国化的历史过程，而且揭示了邓小平理论与毛泽东思想在马克思主义中国化这一统一过程中的相互关系。第一，邓小平理论和毛泽东思想都是马克思主义中国化这一统一过程中的产物，紧密衔接。第二，邓小平理论与毛泽东思想又是相对独立、自成体系的理论成果，它们是在不同的历史条件下和马克思主义中国化不同的阶段里产生的，具有各自不同的历史特点和历史地位。第三，它表明，邓小平理论是以马克思主义中国化的第一次飞跃的理论成果（毛泽东思想）作为理论起点的。在马克思主义哲学里，"飞跃"的含义是螺旋式上升，而不是平行地延伸。这就能启发人们更好地认识邓小平理论是对毛泽东思想的继承，又是对毛泽东思想的发展，是马克思主义中国化的最新成果。

基本论断之三：在当代中国，马克思列宁主义、毛泽东思想和邓小平理论是一脉相承的统一的科学体系。

这一论断的提出，是与把邓小平理论和马克思列宁主义、毛泽东思想并提为党的指导思想相呼应的。这一论断，是党的十五大作出的我们党以马克思列宁主义、毛泽东思想、邓小平理论作为自己的行动指南的规定的理论依据。

这一论断最早见于1996年10月10日江泽民在党的十四届六中全会上的讲话。十四届六中全会作出的《中共中央关于加强社会主义精神文明建设若干重要问题的决议》指出，"我国社会主义精神文明的建设，必须以马克思列宁主义、毛泽东思想和邓小平建设有中国特色社会主义理论为指导"。这是第一次把马克思列宁主义、毛泽东思想和邓小平理论并提为党的指导思想。正是在这次会议上的讲话中，江泽民明确地说："马克思列宁主义、毛泽东思想、邓小平建设有中国特色社会主义理论一脉相承，是统一的科学体系。"一年之后，党的十五大沿用了这一论断。

"统一"，可以讲邓小平理论与马克思列宁主义、毛泽东思想是统一在马克思主义的共同渊源上，也可以讲是统一在马克思主义中国化的过程中；可以讲是统一在马克思主义的基本立场、观点和基本原理上，也可以说是统一在一些具体的重要的思想观点上，还可以说是统一在基本词汇语言上。在社会主义观上，邓小平理论与毛泽东思想有没有统一性，有人存在疑问。江泽民在毛泽东同志诞辰一百周年纪念大会上讲过这样一段话："只有社会主义才能救中国和发展中国；只有改革开放才能建设有中国特色的社会主义；只有走有中国特色社会主义的道路才能独立自主地建设富强民主文明的社会主义现代化国家。这是当代中国最重要的历史真理。""这个历史真理，历史地体现在毛泽东思想之中，体现在邓小平同志建设有中国特色社会主义理论之中。"[①]这是对存疑者的一个最好的回答。

"一脉相承"和"统一"有同义的一面，这"一脉"就是马克思主义之脉，但它又有其独特的内涵，它强调的是邓小平理论与马克思列宁主义、毛泽东思想内在灵魂、精髓的统一，也就是在马克思主义的基本立场、观点和方法上的统一。实事求是、群众路线、独立自主是马克思主义基本立场、观点和方法在毛泽东思想中的高度凝聚和具有中国共产党人特色的创造性体现，它们是毛泽东思想的活的灵魂，也是马克思列宁主义活的灵魂。

---

① 《江泽民文选》第一卷，人民出版社2006年版，第360页。

邓小平理论与马克思列宁主义、毛泽东思想一脉相承表现在各个方面，但更突出地表现在这一活的灵魂的继承和发展上。在新的历史时期，邓小平把实事求是、群众路线和独立自主始终贯通在自己的实践活动和理论创造中，发展了毛泽东思想，也使毛泽东思想活的灵魂在新的历史条件下获得了新的时代内涵。

基本论断之四：在当代中国，坚持邓小平理论，就是真正坚持马克思列宁主义、毛泽东思想。

这一论断具有深刻的实践性，它要求人们把邓小平理论与马克思列宁主义、毛泽东思想的关系的认识付诸实践，同时从实践的范畴和意义上强化了邓小平理论与马克思列宁主义、毛泽东思想的关系。

这一论断形成于党的十四大以后。1992年10月，党的十四大提出了用邓小平理论武装全党的战略任务。1993年11月2日在学习《邓小平文选》第三卷报告会上，江泽民进一步强调了学习邓小平建设有中国特色社会主义理论的重要意义，并指出："坚持邓小平同志建设有中国特色社会主义的理论，就是真正坚持和发展马克思列宁主义、毛泽东思想。"① 道理很明白，我们不能离开实际和时代发展空谈坚持马克思列宁主义、毛泽东思想，不能无视马克思主义的新发展，静止地、孤立地看待马克思列宁主义、毛泽东思想，还是要以发展的眼光来看待马克思主义，坚持用马克思主义的最新成果，用发展了的马克思列宁主义、毛泽东思想指导实践。

从新的历史时期的实践经验来看，如果我们不树立坚持

---

① 江泽民：《论党的建设》，中央文献出版社2001年版，第111页。

邓小平理论就是真正坚持马克思列宁主义、毛泽东思想的观点，就不可能真正做到解放思想、实事求是，就有可能固守马克思主义经典作家在当时的历史条件下提出的某些已不符合当代世界实际的具体结论，思想上就会出现停滞、僵化。

既然坚持邓小平理论就是真正坚持马克思列宁主义、毛泽东思想，那么，为什么马克思列宁主义、毛泽东思想还不能丢，为什么还要坚持把马克思列宁主义、毛泽东思想作为党的指导思想呢？这是因为邓小平理论作为马克思主义中国化的新阶段、新成果，是与马克思列宁主义、毛泽东思想紧密联系的，它的科学性或科学价值，理论上源于它与马克思列宁主义、毛泽东思想相统一的马克思主义科学体系。如果丢掉了马克思列宁主义、毛泽东思想，就切断了它的马克思主义的渊源，割断了它与马克思列宁主义、毛泽东思想内在的联系。也可以这样说，只有始终不丢掉马克思列宁主义、毛泽东思想，才能够真正坚持邓小平理论，并不断丰富和发展邓小平理论。

马克思主义中国化的几条基本经验和毛泽东、邓小平的历史贡献

　　党在几十年的斗争中积累了极其丰富的经验，可以归结到一点，那就是把马克思主义的基本原理同中国革命和建设的具体实际相结合，走自己的道路。这也就是马克思主义中国化。马克思主义中国化，就是要把主要根据欧洲国家情况创立的马克思主义，变为适合中国情况的马克思主义——使它在中国具体化，形成指导中国革命、建设、改革的正确的路线、方针、政策；使它在中国民族化，赋予其中华民族的风格和特点；使它在中国新鲜化，在中国土壤上永葆生机与活力。中国共产党的历史，可以说是马克思主义与中国实际相结合，不断实现马克思主义中国化的历史。历史证明，马克思主义中国化关系到马克思主义在中国的命运，关系到党的事业的兴衰和前途命运，关系到党的兴衰和前途命运，什么时候做得好，党就能保持先进性，富有活力，党的事业就兴旺发达，走向胜利；反之，党和党的事业就遭受挫折甚至失败。

　　马克思主义中国化的基本经验，最主要的有以下几条。

始终坚持以发展的眼光而不是静止的眼光看待马克思主义

以发展的眼光看待马克思主义，是解放思想，实事求是，不断推进马克思主义发展的前提条件。马克思主义本来就是发展的科学体系，发展的观点也是马克思主义的基本原则，只有坚持用发展的观点看待马克思主义，解放思想，开动脑筋，在实践当中丰富它，发展它，才能保持科学性和生命力。马克思主义如果不发展，就会停滞，就会僵化。

毛泽东和邓小平都是坚持和发展马克思主义的光辉典范，他们不把马克思主义看成一成不变的理论。毛泽东早在《实践论》中就指出，马克思列宁主义并没有结束真理，而是在实践中不断地开辟认识真理的道路。在20世纪50年代末60年代初，中国社会主义建设经历曲折的时候，毛泽东感到中国共产党领导建设事业的理论准备不足，多次谈到马克思主义的老祖宗的东西不能丢，但是光靠现成的东西还不够，要根据新的形势和新的实践，写出新的著作，创造新的理论。遗憾的是，毛泽东晚年在理论和实践上陷入了错误。创造新的科学理论的任务，历史地落到了邓小平的肩上。

从粉碎"四人帮"到党的十一届三中全会召开之前，党内思想斗争的焦点，实际上就是怎样看待毛泽东的言论和毛泽东思想的问题。"两个凡是"实际上就是用静止、僵化的眼光看待毛泽东的言论和毛泽东思想。邓小平则针对"两个凡是"，提出要完整地准确地理解毛泽东思想的科学体系，并强调解放思想的问题。1980年在领导起草《关于建国以来党的若干历史问题的决议》的时候，他更明确地指出，"我们要恢复毛泽东思想，坚持毛泽东思想，以至还要发展毛泽东思想"。①他在后来的实践当中，正是因为坚持了这样一个基本立场和态度，才能不断总结新的经验，创立新的理论体系。

党的十五大对邓小平理论的历史地位、指导意义、科学体系和时代精神进行了新的阐述，作出了高度评价，也同样用发展的眼光看待邓小平理论，指出：邓小平理论是贯通各个领域涵盖各个方面的比较完备的科学体系，又是需要从各个方面进一步丰富发展的科学体系。

始终坚持从实际出发，而不是从本本出发

本本主义历来是马克思主义中国化的大敌。在新民主主义革命时期，面对错综复杂的历史环境和艰苦卓绝的斗争任务，毛泽东在倡导马克思主义中国化的同时，鲜明地提出了反对本本主义的问题。他写作《反对本本主义》和《实践论》等著作，提出纠正本本主义，坚持从实际出发的方法和途径。"文化大革命"结束后，中国面临着向何处去的问题。党和国家的指导思想回到马克思主义正确轨道上来的最大思想障碍就是"两个凡是"，而"两个凡是"实际上还是本本主义。这个时候，邓小平尖锐地指出：如果一切从本本出发，思想僵化，就要亡党亡国。这已经把坚持从实际出发，反对本本主义提到了一个前所未有的高度，在新的历史时期对党和人民起到了极大的警示作用。

---

① 《邓小平年谱（1975—1997）》（上），中央文献出版社2004年版，第649页。

从实际出发，实事求是，是马克思主义世界观的基础，是马克思主义的思想基础，是毛泽东思想的活的灵魂，是邓小平理论的精髓。它也可以说是马克思主义中国化最典型的思想和语言，是中国共产党的指导思想的生命线。革命离不开它，建设更离不开它。

进入改革开放和社会主义现代化建设新时期，邓小平指出："我们现在所干的事业是一项新事业，马克思没有讲过，我们的前人没有做过，其他社会主义国家也没有干过，所以，没有现成的经验可学。我们只能在干中学，在实践中摸索。"[1] 我国社会主义改造完成以后，最大最本质的实际就是中国处于并将长期处于社会主义初级阶段。这个历史阶段最大的实践主题，就是发展社会生产力，提高人民生活水平，增强综合国力。邓小平正是从这个实际出发，提出了社会主义初级阶段理论关于社会主义本质的论断，判断改革成功"三个有利于"的标准和中国社会主义现代化建设"三步走"的发展战略等。这样，也就把马克思主义关于社会主义发展阶段的理论、关于发展社会生产力的理论中国化了、具体化了、新鲜化了。

既要继承前人，又要不断探索创新

马克思主义中国化是一项承前启后的事业。毛泽东把马克思主义中国化，是很好地继承了马克思列宁主义；邓小平把马克思主义中国化，是很好地继承了马克思列宁主义、毛泽东思想。继

---

[1]《邓小平文选》第三卷，人民出版社1993年版，第258—259页。

承不是固守，也不能固守。积极地继承就要求去发展它，并且具体地实际地去发展它。要发展，就要探索，就要创新。

毛泽东和邓小平是把继承和发展有机结合，不断探索、创新的典范。毛泽东一生都在不断探索。新中国成立后，面对新的历史任务，他孜孜不倦地探索，不仅从理论和实践上解决了建立社会主义根本制度的问题，而且在开辟适合中国情况的社会主义道路过程中，提出了很多宝贵的思想，成为毛泽东思想科学体系的重要内容，至今仍具有指导意义。邓小平继承和发展了毛泽东和我们党的探索、创新的优良传统，并在新的历史条件下，表现出非凡的胆略和勇气。他在开始进行新的探索的时候，面临的是一个更为复杂、更为严峻的情况，国际上社会主义运动处于低谷，国内社会主义发展遇到重重障碍与困难。他尊重实践，既继承前人又突破陈规，既借鉴世界经验又不照搬别国模式，把握中国的现实和当代世界发展的新特点，总结新经验，创造新办法，开辟了一条建设有中国特色社会主义的道路，使中国的社会主义事业柳暗花明。

回顾邓小平理论的创立过程，我们还会明白这样一个道理。这就是：要继承和发展前人的成果，一个非常重要的前提，就是要对前人的成果进行认真的科学的系统的总结。邓小平正是在领导拨乱反正的过程中，主持起草了党的第二个历史决议，对毛泽东思想和毛泽东的历史地位进行了全面正确的评价，特别是把作为科学体系的毛泽东思想同毛泽东晚年的错误区分开来，对毛泽东思想的内容作了新的全面的概括，包括"实事求是、群众路线、独立自主"三个活的灵魂和六个方面的思想，从而恢复了毛泽东思想的本来面目，使全党懂得了什么是应该继承和坚持的，为什么还要发展和创新，又应该怎样发展和创新。正是在对毛泽东思想科学体系的全面概括中，在对党的历史经验科学的总结中，邓小平理论产生了。

在当代中国，把马克思主义中国化，特别要用马克思主义的宽广眼界观察世界，把握时代的脉搏和特征

毛泽东和邓小平都是站在时代前列，把握时代脉搏和时代特征，创造新的科学理论的典范。毛泽东在确立中国革命道路和创立毛泽东思想的时候，是把中国革命作为世界革命的一部分，放在当时世界和时代的大视野里来考察的。他的新民主主义理论就是在认真分析中国的实际和第一次世界大战与俄国十月革命以后的世界变化、时代特征的基础上提出来的。新中国成立后，他在1956年提出的关于处理好十大关系，调动国内外一切积极因素为社会主义事业服务的思想，不仅是建立在他通过对国内情况的调查得出的正确认识上的，而且是建立在他对世界形势的正确判断和对国际社会主义运动的经验教训的正确总结的基础上的。他分析帝国主义新的侵华战争和世界大战短时期内打不起来，可能有10年或者更长一点的和平时期，从而提出了全面建设社会主义的目标和任务；他看到当时的苏联由于一些社会矛盾和政治经济关系处理得不好，暴露出很多弊端，从而提出要以苏联经验为鉴戒，探索适合中国情况的社会主义建设道路。

当代世界矛盾错综复杂，情况瞬息万变。邓小平从千头万绪中理出了当代世界的主题，即和平与发展。这就为制定改革开放

的路线、方针、政策和发展战略提供了国际环境依据。当代世界科学技术突飞猛进，在人类社会生活中发挥着越来越重要的作用，成为各个国家各个民族发展的制高点。邓小平紧紧把握住这个特点，在马克思主义发展史上，第一次提出了"科学技术是第一生产力"的重要论断，成为邓小平理论一个非常重要的内容。邓小平理论还有一个非常重要的思想，这就是广泛吸收和借鉴世界各国包括资本主义发达国家的一切先进文明成果，充分利用一切有利于我国社会主义发展的积极因素，积极参与国际经济技术合作和竞争。这一思想，也正是邓小平通过对社会主义本质的深刻分析和对当代资本主义的深刻分析，把握当今时代社会主义与资本主义相互联系的特点提出来的。

毛泽东、邓小平是马克思主义中国化的光辉典范，也是马克思主义中国化的主要创造者。概括地讲，毛泽东的主要贡献在于：他是马克思主义中国化的开拓者和奠基人。毛泽东从大革命时期起，就开始了马克思主义中国化的伟大探索。他注重调查，深入了解国情，提出反对本本主义、主观主义，在党的六届六中全会上率先提出了"马克思主义中国化"这一历史性命题和历史任务。他创立了党的实事求是的思想路线，为马克思主义中国化指明了根本方向和途径。他注重马克思主义理论的运用和对实际问题的理论思考，不断总结实践经验，并把它上升到理论的高度，集中全党的智慧，创立了毛泽东思想，实现了马克思主义中国化的第一次历史性飞跃。毛泽东思想在党的七大被确立为党的指导思想。毛泽东思想现在仍写在我们党的旗帜上。当时，刘少奇说："毛泽东思想，就是马克思列宁主义的理论与中国革命的实践之统一的思想，就是中国的共产主义，中国的马克思主义。"[1] 毛泽东思想"把我国民族的思想水平提到了从来未有的合理的高度"[2]。七大以后，新中国成立后，毛泽东和党的其他领导人继续探索，使毛泽东思想有了新的发展。

邓小平的主要贡献在于：他在马克思主义中国化进程经历了巨大挫折之后，继承马克思主义中国化的事业与历史成果，在新的历史条件下，开拓创新，创立了邓小平理论，把马克思主义在中国的发展推向一个新阶段，实现了马克思主义中国化新的历史性飞跃。他紧紧围绕前人没有解决好的什么是社会主义、怎样建设社会主义这个根本性问题，坚持一切从国情出发，尊重实践，尊重群众，总结我国社会主义建设正反两方面的经验，总结党和人民新的实践经验，开辟了建设有中国特色社会主义的道路。他使中国的社会主义事业走出困境，展示出一种新的形象和新的前景，也使马克思主义中国化的事业摆脱困境，进入新的境界和新的阶段。

毛泽东思想和邓小平理论，不仅对 20 世纪中国社会的发展变化产生了深刻的影响，而且将对 21 世纪中国社会的发展变化产生深刻影响。

---

[1]《刘少奇选集》上卷，人民出版社 1981 年版，第 333 页。

[2] 同①，第 319 页。

邓小平理论的若干重要思想、观点和论断

邓小平理论是由一系列具体的思想、观点和论断组成的,读懂邓小平理论当然要深入理解和把握其所包含的具体的思想、观点和论断。而要深入理解和把握其具体的思想、观点和论断,还必须深入理解它们的内涵实质及形成发展过程。

邓小平理论重要的思想、观点和论断非常丰富,但其中一些是带有"基本思路""基本原则"性的,是最重要的。这些最重要的思想、观点和论断,对于我们坚持和发展中国特色社会主义,具有更加长远的指导意义。

解放思想、实事求是的思想路线

解放思想、实事求是被称为邓小平理论的精髓,是邓小平始终坚持的思想方法,是邓小平理论形成发展的哲学基础,也是邓小平为全党恢复确立的思想路线,贯穿在邓小平的全部理论创造中。

由于各种原因,自 20 世纪 50 年代中后期开始,我们党的指

导思想逐渐陷入"左"的错误,到60年代中期产生"文化大革命"全局性的错误。"文化大革命"结束,为全面纠正党的指导思想错误提供了条件,但是党内又出现了"两个凡是"将毛泽东思想当教条的思想禁锢。如果按照"两个凡是"做,党的指导思想只能继续陷在"左"的错误轨道上。邓小平率先提出反对"两个凡是",明确指出,"两个凡是"不是马克思主义,不是毛泽东思想。要打破"两个凡是"的禁锢,必须解决用什么作为检验真理的标准的问题。从1978年5月开始,在邓小平和陈云等老一辈革命家的支持、推动下,党内外开展了一场真理标准问题的大讨论,重新提出"实践是检验真理的唯一标准"的科学论断,鲜明地提出要恢复党的实事求是的优良传统。邓小平指出:"我们讲要继承和发扬毛主席为我们培育的优良传统,第一个就是实事求是。归根到底,这是涉及什么是马克思列宁主义,什么是毛泽东思想的问题。毛泽东思想最根本的最重要的东西就是实事求是。"[1] 这些极大地促进了全党的思想解放。1978年12月召开的党的十一届三中全会废止"两个凡是"的错误方针,重新确立了党的实事求是的思想路线。

邓小平是以解放思想、实事求是作为强大的思想武器,破除各种思想障碍,打破"文化大革命"给党和国家造成的严重困局,带领党和人民成功地走出一条中国特色社会主义道路,开创改革开放和社会主义现代化建设新的历史时期的。

---

[1]《邓小平年谱(1975—1997)》(上),中央文献出版社2004年版,第320页。

中国还处于社会主义初级阶段的论断

这一论断的形成，源于邓小平对中国国情的思考和对20世纪50年代末之后社会主义建设遭受严重挫折的教训的思考。1978年，党的十一届三中全会后，邓小平领导全党从党的指导思想及各方面拨乱反正，认识到过去党之所以犯错误，最主要的原因就是领导社会主义建设脱离了实际，脱离了中国的国情。1979年3月，他在中央召开的理论工作务虚会上指出：底子薄、人口多、耕地少，百分之八十的人口是农民等实际情况，是"中国现代化建设必须考虑的特点"①。1981年6月，党的十一届六中全会通过由他主持起草的《关于建国以来党的若干历史问题的决议》，第一次提出"我们的社会主义制度还是处于初级的阶段"。1982年，党的十二大报告据此提出"我国的社会主义社会现在还处在初级发展阶段"，并指出其特点是"物质文明不发达"。1984年，中央作出关于经济体制改革的决定，其中提出："商品经济的充分发展，是社会经济发展的不可逾越的阶段，是实现我国经济现代化的必要条件。"这个论述实际上指出了我国社会主义建设，还要经过一个充分发展商品经济的阶段，也就是社会主义初级阶段。1986年9月，党的十二届六中全会通过的《中共中央关于社会主义精神文明建设的决议》正式提出"我国正处在社会主义初级阶段"，并指出在这个阶段还要实行按劳分配、发展商品经济、发展多种经济成分，等等。

1987年党的十三大，随着全面改革开放的不断推进，开始形

---

① 《邓小平文选》第二卷，人民出版社1994年版，第163—164页。

成以公有制为主体、其他经济成分为补充，以按劳分配为主、其他分配方式为补充，以及计划与市场相结合的有计划的商品经济发展的新的格局。这需要理论的说明和支撑。邓小平明确赞成和支持十三大报告以社会主义初级阶段作为立论的根据，提出推动改革开放和经济社会发展的一系列重大政策措施。党的十三大召开前，他还明确指出："十三大要阐述中国社会主义是处在一个什么阶段，就是处在初级阶段，是初级阶段的社会主义。""一切都要从这个实际出发，根据这个实际来制订规划。"① 十三大正式确立了我国目前处于社会主义初级阶段的科学论断，对这个阶段的基本特征和根本任务等作了阐述，并且正式概括、确立了党在社会主义初级阶段的"一个中心、两个基本点"的基本路线。社会主义初级阶段理论的形成，为制定新时期的路线、方针、政策提供了最基本的理论依据和实际依据。可以说，没有社会主义初级阶段的论断，就没有"一个中心、两个基本点"的基本路线。邓小平1992年视察南方时还特别告诫全党："我们搞社会主义才几十年，还处在初级阶段。巩固和发展社会主义制度，还需要一个很长的历史阶段，需要我们几代人、十几代人，甚至几十代人坚持不懈地努力奋斗，决不能掉以轻心。"②

关于社会主义本质的论断和实现共同富裕的思想

关于社会主义本质问题，自从党的十一届三中全会以后，邓小平谈过不下二十次。他对这个问题的思考，是围绕什么是社

---

① 《邓小平文选》第三卷，人民出版社1993年版，第252页。

② 同①，第379—380页。

会主义这个基本问题展开的，先后提出过一系列观点。比如贫穷不是社会主义，发展太慢也不是社会主义；平均主义不是社会主义，两极分化也不是社会主义；僵化封闭不能发展社会主义，照搬外国也不能发展社会主义；没有民主就没有社会主义，没有法制也没有社会主义；不重视物质文明搞不好社会主义，不重视精神文明也搞不好社会主义；等等。他在对这些不是社会主义的东西进行排除和廓清后，首先对社会主义的本质概括为两条：一是发展生产力，二是共同富裕。1984年5月，他在会见几内亚总统杜尔时说："社会主义的优越性归根到底要体现在它的生产力比资本主义发展得更快一些，更高一些，并且在发展生产力的基础上不断改善人民的物质文化生活。""社会主义要消灭贫穷。"① 这之后，他谈社会主义的本质属性，一直谈两条："第一是发展生产，第二是共同致富。"②。1987年党的十三大根据邓小平的这些论述的精神，提出"社会主义社会的根本任务是发展生产力"，"要把发展生产力作为全部工作的中心"。之后，邓小平进一步把共同富裕作为体现社会主义本质的原则要求予以强调。1990年12月，他在同几位中央负责同志的谈话中指出："共同致富，我们从改革一开始就讲，将来总有一天要成为中心课题。社会主义不是少数人富起来、大多数人穷，不是那个样子。社会主义最大的优越性就是共同富裕，这是体现社会主义本质的一个东西。"③ 到1992年，他在南方谈话中全面概括了社会主义的本质，这就是"解放生产力，发展生产力，消灭剥削，消除两极分化，最终

---

① 《邓小平文选》第三卷，人民出版社1993年版，第116页。
② 同①，第172页。
③ 同①，第364页。

达到共同富裕"①。

邓小平始终认为，共同富裕是社会主义最重要的本质特点和终极目标，那么怎么实现共同富裕呢？他在改革开放之初提出的办法是："一部分地区有条件先发展起来，一部分地区发展慢点，先发展起来的地区带动后发展的地区，最终达到共同富裕"②。他说这是一个大政策。

邓小平"允许一部分地区、一部分人先富起来"的大政策是为了恢复按劳分配原则、打破平均主义提出来的。1977年9月，邓小平复出不久，就重新提出了恢复实行按劳分配的问题。他说：按劳分配问题过去解决不了，现在看来还得按劳分配。此后，他还具体提出要恢复奖金制度，恢复稿费制度，哪个生产大队、生产队搞得好，不仅不能挖他们，而且要给予奖励。那么，要恢复按劳分配原则，一定要打破长期以来形成的平均主义的思想观念和政策的束缚，必须允许一部分地区、一部分人依靠劳动和经营先富起来。

邓小平提出"允许一部分地区、一部分人先富起来"，始终是同实现共同富裕的大目标联系在一起的。随着改革开放的推进和经济发展，他后来更多地强调的是共同富裕，防止两极分化。允许一部分地区、一部分人先富起来，带动和推动社会共同富裕，从理论到实际都是符合社会主义原则、符合社会主义发展规律的。在这个"大政策"的问题上，党的十一届三中全会后，至少在党内没有过什么争论。1984年10月党的十二届三中全会通过的《中共中央关于经济体制改革的决定》中有一段话，是很有代表性

---

① 《邓小平文选》第三卷，人民出版社1993年版，第373页。

② 同①，第374页。

的:"共同富裕决不等于也不可能是完全平均,决不等于也不可能是所有社会成员在同一时间以同等速度富裕起来","只有允许和鼓励一部分地区、一部分企业和一部分人依靠勤奋劳动先富起来,才能对大多数人产生强烈的吸引和鼓舞作用,并带动越来越多的人一浪接一浪地走向富裕","鼓励一部分人先富起来的政策,是符合社会主义发展规律的,是整个社会走向富裕的必由之路"。

关于改革是社会主义发展动力和改革也是解放生产力的思想

阶级斗争推动历史发展,即通过阶级斗争,通过革命,推翻旧的生产关系,解放生产力,这是马克思主义的一个基本观点。社会主义社会消灭了剥削阶级,阶级矛盾已不再是主要矛盾,社会发展的动力又是什么呢?在这个问题上,过去我们党走入了误区,搞"以阶级斗争为纲",还是把阶级斗争作为社会主义发展的动力,导致重大挫折。邓小平明确指出,"我们的生产力发展水平很低,远远不能满足人民和国家的需要,这就是我们目前时期的主要矛盾"。[①] 怎么样解决这个矛盾?就是要通过改革解放生产力,发展生产力。在 20 世纪 80 年代中期,他反复讲改革"是一种带革命意义的改革",还讲"改革是中国的第二次革命"[②]。1992 年,他在南方谈话中指出:"革命是解放生产力,改革也是解放生产力。"他还进一步说明:"社会主义基本制度确立以后,还要从根本上改变束缚生产力发展的经济体制,

---

[①]《邓小平年谱(1975—1997)》(上),中央文献出版社 2004 年版,第 503 页。
[②]《邓小平文选》第三卷,人民出版社 1993 年版,第 113 页。

建立起充满生机和活力的社会主义经济体制，促进生产力的发展，这是改革，所以改革也是解放生产力。"①

革命是解放生产力，改革也是解放生产力，那么两者有什么区别呢？革命是推翻三座大山，建立社会主义制度，为发展生产力创造根本的条件；而改革是完善社会主义制度，直接推动社会生产力的发展。所以，邓小平说改革是"第二次革命"。第二次革命，不仅起着解放生产力的作用，还起着直接推动生产力发展的作用，邓小平由此确立了"改革是发展生产力的必由之路"的观点。

社会主义市场经济的思想

建立社会主义市场经济体制的改革目标，是 1992 年党的十四大确定的，但邓小平对这个问题的思考从改革开放之初就开始了。早在 1979 年 11 月，邓小平在同美国不列颠百科全书出版公司负责人吉布尼等的谈话中，就提出了社会主义也可以搞市场经济的思想。这个谈话，当时及后来很长一段时间都未公开发表，但不胫而走，对人们的思想和实践产生了影响。当然，邓小平谈市场经济问题更多的还是在党的十二大以后，他想向党内外讲通这个问题。

第一，指出计划和市场都是经济手段，社会主义制度与市场经济之间不存在根本矛盾。邓小平说："计划经济不等于社会主义，资本主义也有计划；市场经济不等于资本主义，社会主义也

---

① 《邓小平文选》第三卷，人民出版社 1993 年版，第 370 页。

有市场。计划和市场都是经济手段。"① "它为社会主义服务,就是社会主义的"②,"社会主义和市场经济之间不存在根本矛盾"③。

第二,指出计划和市场这两种经济手段,只要能更有力地发展生产力,都可以利用。 邓小平说:"计划和市场都是方法嘛。只要对发展生产力有好处,就可以利用。"④ "问题是用什么方法才能更有力地发展社会生产力。"⑤ 20世纪80年代中期,在当时的情况下,他是赞同大家都认可的计划与市场相结合的,那时候大家的认识还是搞社会主义有计划的商品经济。那么,是以计划为主还是以市场为主呢? 1992年春他在南方谈话中明确提出,"计划多一点还是市场多一点,不是社会主义与资本主义的本质区别"⑥。这就帮助党和人民突破了很长一段时间内存在的以计划为主的社会主义商品经济的思想观念。如果不突破这一观念,社会主义市场经济的思想就树立不起来。同年召开的党的十四大,终于确立了建立社会主义市场经济体制的改革目标。

第三,指出在社会主义条件下搞市场经济,可以赢得与资本主义相比较的优势。 搞社会主义,就要充分发挥社会主义制度的优势。邓小平认为在社会主义条件下搞市场经济,把社会主义与市场经济手段结合起来,可以更大地赢得优势。早在1982年10月,他就提出:"社会主义同资本主义比较,它的优越性就在于

---

① 《邓小平文选》第三卷,人民出版社1993年版,第373页。
② 同①,第203页。
③ 同①,第148页。
④ 同①,第203页。
⑤ 同①,第148页。
⑥ 同①。

能做到全国一盘棋，集中力量，保证重点。缺点在于市场运用得不好，经济搞得不活。计划与市场的关系问题如何解决？解决得好，对经济的发展就很有利，解决不好，就会糟。"①10年之后，党的十四大终于解决好了这个问题。

中国的发展离不开世界和社会主义要大胆利用人类社会创造的一切文明成果的思想

邓小平在1984年指出，"现在的世界是开放的世界"，"关起门来搞建设是不行的，发展不起来"，②"中国的发展离不开世界"③。邓小平的这一思想认识，是怎么形成的呢？

一是，总结近代以来中国现代化建设的历史经验教训得出的结论。 邓小平指出："中国在西方国家产业革命以后变得落后了，一个重要原因就是闭关自守。"④ "长期闭关自守,把中国搞得贫穷落后，愚昧无知。"⑤ 他还指出，"建国以后，人家封锁我们，在某种程度上我们也还是闭关自守"⑥，"关起门来搞建设，搞了好多年，导致的结果不好"⑦，"这才迫使我们重新考虑问题"，"这样才制定了开放和改革的政策"。⑧

---

① 《邓小平文选》第三卷，人民出版社1993年版，第17页。
② 同①，第64页。
③ 同①，第78页。
④ 同①，第64页。
⑤ 同①，第90页。
⑥ 同①，第64页。
⑦ 同①，第223页。
⑧ 同①，第224页。

二是，分析当代世界国家之间交流合作发展的趋势得出的正确认识。任何国家搞建设，当然都必须把立足点放在自己力量的基点上，这是无疑的。但是，另一方面，任何国家都不可能具备本国经济社会文化发展的一切条件，只有通过国际交流与合作，通过借鉴学习别国经验，才能使自己走上一条较快的发展道路。邓小平说，"任何一个国家要发展，孤立起来，闭关自守是不可能的"。①

中国的对外开放，是全面的全方位的开放，包括引进国外资金和先进技术，还包括借鉴吸收国外先进的管理经验以及文化、艺术等各方面的优秀成果等。1992年邓小平南方谈话中有这样一段话："社会主义要赢得与资本主义相比较的优势，就必须大胆吸收和借鉴人类社会创造的一切文明成果，吸收和借鉴当今世界各国包括资本主义发达国家的一切反映现代社会化生产规律的先进经营方式、管理方法。"②学习利用资本主义文明成果，从马克思、恩格斯到列宁，再到毛泽东，都有过论述。但是在过去很长的时间里面，人们把社会主义与资本主义视同水火不相容的关系，谈"资"色变。改革开放以后，人们对这个问题的认识发生了变化，但在一段时间内还是不能摆脱"左"的思想的影响，纠缠于姓"社"姓"资"的问题。正如邓小平所指出的："改革开放迈不开步子，不敢闯，说来说去就是怕资本主义的东西多了，走了资本主义道路。"③邓小平一方面批评动不动就问姓"社"还是姓"资"；另一方面又对怎么借鉴吸收资本主义，利用好资本主

---

① 《邓小平文选》第三卷，人民出版社1993年版，第117页。
② 同①，第373页。
③ 同①，第372页。

义提出了一个标准，也就是判断各方面工作是非得失的"三个有利于"的标准。

关于政治体制改革的思想

1978年12月，邓小平在为党的十一届三中全会做准备的中央工作会议闭幕会上，提出改革时就提出了政治体制改革的任务。他后来说，"我们提出改革时，就包括政治体制改革。现在经济体制改革每前进一步，都深深感到政治体制改革的必要性。不改革政治体制，就不能保障经济体制改革的成果，不能使经济体制改革继续前进"①。一段时间内，他对政治体制改革的目标从不同角度作了概括，基本的意思是：巩固社会主义制度，保持党和国家的活力，发扬社会主义民主，加强社会主义法制，调动人民的积极性，发展社会主义的生产力。

政治体制改革从哪里抓起？"文化大革命"之所以形成那样的局面，一个很重要的原因是社会民主与法制遭到严重破坏。党的十一届三中全会后，随着改革开放的推进，民主与法制在社会政治经济生活中的保障作用更加突出。邓小平指出："民主和法制，这两个方面都应该加强，过去我们都不足。要加强民主就要加强法制。没有广泛的民主是不行的，没有健全的法制也是不行的。"②

1981年8月18日，邓小平在中央政治局扩大会议上作题为《党和国家领导制度的改革》的讲话。他指出，党和国家现行的

---

① 《邓小平文选》第三卷，人民出版社1993年版，第176页。
② 《邓小平文选》第二卷，人民出版社1994年版，第189页。

一些具体制度中存在着不少弊端，如不认真改革就很难适应现代化建设的迫切需要。他具体指出并分析了官僚主义、权力过分集中、"家长制"、干部领导职务终身制、形形色色的特权等各种现象，提出要着重从领导制度、组织制度上解决问题。他指出："领导制度、组织制度问题更带有根本性、全局性、稳定性和长期性。""如果不坚决改革现行制度中的弊端，过去出现过的一些严重问题今后就有可能重新出现。"①

邓小平这篇讲话，提出了党和国家领导制度改革的基本指导思想、具体要求及具体措施，成为政治体制改革和社会主义民主政治建设的纲领性文件。

建设社会主义精神文明和两个文明建设"两手抓、两手都要硬"的思想

建设社会主义精神文明和两个文明建设"两手抓、两手都要硬"的思想，是邓小平理论中一个非常有特色的部分。邓小平主要阐明了这样几点：

一是，社会主义精神文明建设在社会主义现代化建设中的战略地位。他指出："我们要建设的社会主义国家，不但要有高度的物质文明，而且要有高度的精神文明。所谓精神文明，不但是指教育、科学、文化（这是完全必要的），而且是指共产主义的思想、理想、信念、道德、纪律，革命的立场和原则，人与人的同志式关系，等等。"②

---

① 《邓小平文选》第二卷，人民出版社 1994 年版，第 333 页。
② 同①，第 367 页。

二是，社会主义精神文明建设的核心是思想、理想、道德、纪律建设，核心目标是培养"有理想、有道德、有文化、有纪律"的新人。

三是，社会主义精神文明建设与物质文明建设是互相作用、互为条件、互相依存的关系。邓小平指出，物质文明是基础，物质文明建设好，才能为精神文明建设发展创造必备的物质条件，精神文明建设渗透在物质文明建设之中，对物质文明建设具有能动的反作用。

四是，物质文明建设和精神文明建设必须"两手抓、两手都要硬"。邓小平"两手抓、两手都要硬"的思想，从各个不同方面有不同的表达，包括"一手抓改革开放，一手抓打击犯罪；一手抓经济建设，一手抓民主法制；一手抓物质文明，一手抓精神文明"；等等。

科学技术是第一生产力的观点和尊重知识、尊重人才的思想

邓小平集中阐明了三个问题。第一个问题，科学技术为什么是第一生产力？自西方工业革命以来，科学技术对经济社会发展所产生的推动作用越来越突出。马克思明确说过"生产力中也包括科学"[1]。1988年9月，邓小平在会见捷克斯洛伐克原总统胡萨克时说："依我看，科学技术是第一生产力。"[2]他之所以这样说，是因为马克思之后这一百多年来，科技的发展以前所未有的速度

---

[1]《马克思恩格斯文集》第八卷，人民出版社2009年版，第188页。
[2]《邓小平文选》第三卷，人民出版社1993年版，第274页。

和规模极大地改变了世界的面貌。科学技术已经不是一般的生产力要素,而是成为生产力诸要素中第一位的、起决定性作用的要素。

第二个问题,怎样发挥科学技术第一生产力的作用?概括地讲,就是要使经济建设转到依靠科技进步上来,科技发展面向经济建设,经济建设更多地依靠科技进步。邓小平指出:"新的经济体制,应该是有利于技术进步的体制。新的科技体制,应该是有利于经济发展的体制。"①

第三个问题,怎样解放第一生产力?也就是怎样大力发展科学技术?一是培养和尊重人才。邓小平除了指出要认真抓好教育工作、大批地培养科技人才外,特别强调要尊重知识、尊重人才。他提出:"全党和全社会都要真正尊重知识,真正发挥知识分子的作用。"②二是改革科技体制。他提出科技体制改革,要进一步"解决科技和经济结合的问题",要按照经济建设必须依靠科技进步,科学技术必须面向经济建设的方针进行。三是占领科技发展的制高点。高科技是带动整个科技发展的,邓小平在这方面特别有战略眼光。他指出:"中国必须发展自己的高科技,在世界高科技领域占有一席之地。"③"搞科技,越高越好,越新越好。"④

---

① 《邓小平文选》第三卷,人民出版社 1993 年版,第 108 页。
② 同①,第 70 页。
③ 同①,第 279 页。
④ 同①,第 378 页。

"三个有利于"是衡量一切工作是非得失的根本标准的思想

邓小平是在南方谈话中完整地提出"三个有利于"的标准的。他说:"改革开放迈不开步子,不敢闯,说来说去就是怕资本主义的东西多了,走了资本主义道路。要害是姓'资'还是姓'社'的问题。判断的标准,应该主要看是否有利于发展社会主义社会的生产力,是否有利于增强社会主义国家的综合国力,是否有利于提高人民的生活水平。"[①]

"三个有利于"的标准是针对什么问题提出来的呢?其一,针对一些人对改革开放中出现的一些新事物,总是要问姓"社"还是姓"资"的问题。其二,针对一些人因"左"的思想影响,总是在对党的十一届三中全会以来的路线、方针、政策表示怀疑的问题。在改革开放过程中,这两个问题一直在困扰党和人民。邓小平总想给人们提出一个帮助他们客观地衡量党的政策和工作正确与否的标准。1979年,他提出对实现四个现代化有利还是有害,应当成为衡量一切工作正确与否的标准。1983年,他指出:各项工作都要有助于建设有中国特色的社会主义,都要以是否有助于人民的富裕幸福,是否有助于国家的兴旺发达,作为衡量做得对或不对的标准。这就是"三个有助于"。建设中国特色社会主义也好,人民富裕幸福也好,国家兴旺发达也好,关键在于发展生产力。1984年,他在阐述中国特色社会主义的过程中,提出了一个非常重要的论断,这就是"社会主义阶段的最根本任务

---

① 《邓小平文选》第三卷,人民出版社1993年版,第372页。

就是发展生产力"。根据他的这一论断，1987年党的十三大提出"是否有利于发展生产力，应当成为我们考虑一切问题的出发点和检验一切工作的根本标准"。到1992年南方谈话，邓小平完整地提出"三个有利于"的标准，第一个标准就是"是否有利于发展社会主义社会的生产力"。

"三个有利于"标准的科学性在于：一是，坚持了实践是检验真理的唯一标准，指出要以生产力发展、国家发展和人民生活的实践来衡量工作的好坏成败，这三方面的实践应该说是最根本的实践；二是，强调了生产力标准。"三个有利于"标准的核心是"是否有利于发展社会主义生产力"，这是符合马克思主义唯物主义的根本原则的。马克思主义创始人和经典作家，从来都是把生产力发展作为衡量社会进步的根本标准的。

小康目标和社会主义现代化"三步走"的发展战略目标及步骤

20世纪70年代末，邓小平看到到世纪末实现毛泽东、周恩来等提出的把我国建设成为社会主义现代化国家的目标已经不可能，于是从中国的基本国情和实际出发，提出"中国式的现代化"和现代化的"中国标准"，这就是人均国民生产总值1000美元的小康目标。1983年，他在江、浙、沪等发展较快的地区进行调研考察之后，提出了一个新的发展目标，这就是小康社会目标。在酝酿提出小康社会目标的过程中，他又提出中国现代化建设"三步走"的战略目标和步骤。即第一步，解决人民的温饱问题（当时已经基本实现了）；第二步，到世纪末，人民生活达到小康水平；第三步，到21世纪中叶，基本实现现代化。到20世纪末，小康目标基本实现，中国实现了"中国标准"的现代化。

20世纪末我国实现的小康，还是低水平、不全面的小康。进入新的世纪之后，党的十六大提出"要在本世纪头二十年，集中力量，全面建设惠及十几亿人口的更高水平的小康社会"，宣布我国进入全面建设小康社会的新阶段。党的十七大对全面建设小康社会提出新的目标和要求。到党的十八大，提出了到2020年全面建成小康社会的奋斗目标。十八大以后，以习近平同志为核心的党中央提出，实现全面建成小康社会的目标"是实现中华民族伟大复兴中国梦的关键一步"，积极推进"五位一体"总体布局，协调推进"四个全面"战略布局，并提出了一系列新的发展理念，全面建成小康社会的目标顺利实现。

"一国两制"和平统一祖国的新构想

1980年1月，邓小平在中央召开的干部会议上提出，80年代要做的三件大事，第二件就是台湾回归祖国，实现祖国统一。下半年他在会见台湾、香港知名人士傅朝枢时提出，台湾回归后"社会制度不变，外国资本不动……台湾人民的生活水平不降低"[①]。根据他的谈话精神，1981年9月，新华社发表全国人大常委会委员长叶剑英的谈话，宣布台湾回归祖国的九条方针政策，其中特别提到，台湾回归祖国后，"台湾现行社会、经济制度不变，生活方式不变，同外国的经济、文化关系不变。私

---

① 《邓小平年谱（1975—1997）》（下），中央文献出版社2004年版，第764页。

人财产、房屋、土地、企业所有权、合法继承权和外国投资不受侵犯。"①

1982年1月，邓小平在会见美国华人协会主席李耀滋的谈话中，第一次将中国共产党和中国政府解决台湾问题的新构想概括为"一个国家，两种制度"。1983年6月，他在同美籍华人学者杨力宇的谈话中对这一构想的具体内涵作了阐述。主要是：核心是祖国统一；两岸统一后，台湾可以实行与大陆不同的社会制度，可以有独立的司法权，可以有自己的军队，保持有限度的外交权，但在国际上代表中国的只能是中华人民共和国；和平统一不是大陆把台湾吃掉，也不是台湾把大陆吃掉；实现统一的方式是举行国共两党平等会谈，但不允许外国势力插手；等等。②

"一个国家，两种制度"解决台湾问题的新构想，充分体现了邓小平实事求是和富于创造性的思想特点。在一个社会主义国家中允许资本主义制度区域性存在并保持长期不变，马克思主义经典作家没有说过，西方政治学家也没有说过。

这一构想是针对台湾问题提出来的，但首先成功地用来解决香港、澳门问题。港澳回归，最终切掉了19世纪西方殖民主义者留在中国领土上的尾巴，这是中华民族复兴史上浓墨重彩的一笔。

---

① 《邓小平文选》第三卷，人民出版社1993年版，第392页。
② 《邓小平年谱（1975—1997）》（下），中央文献出版社2004年版，第917页。

和平与发展是当今时代主题的论断和对外战略及对外政策思想

对时代主题的正确判断，是制定正确的内政外交政策的重要依据。20世纪80年代末期后，随着东欧剧变和苏联解体，国际局势发生深刻变化，冷战结束世界朝多极化发展。1988年12月，邓小平在会见印度总理拉吉夫·甘地时指出，"当前世界上主要有两个问题，一个是和平问题，一个是发展问题"[1]，后被概括为和平与发展是当今时代的主题。和平与发展是当今时代的主题，并不是说当今世界就是和平，就是发展，没有战争的因素，没有影响发展的因素。而是说，当今世界的主流是在争取和平和争取发展，总的发展趋势是和平与发展。

邓小平依据对时代主题的判断，对中国的对外战略和对外政策作了深刻的调整。

一是，坚持真正不结盟的独立自主的原则。 新中国成立后，一直坚持独立自主处理国际关系，但还是先后提出过建立反对美国帝国主义的国际统一战线和反对苏联霸权主义扩张的国际统一战线的主张。这种用组织国际统一战线处理国际关系的思维，是在20世纪反对日本侵略中国的历史条件下形成的，在今天的时代条件下已经不适用了。所以，邓小平提出："中国的对外政策是独立自主的，是真正的不结盟。"[2]

二是，在对外交往中不以意识形态划线。 这就是不以意识形态的异同来决定同世界各国的亲疏远近，也不以意识形态的

---

[1]《邓小平文选》第三卷，人民出版社1993年版，第281页。

[2] 同[1]，第57页。

异同来划分敌友，而真正坚持按照和平共处五项原则来处理同世界各国的关系。这是一个很大的转变，也是实行对外开放，借鉴吸收人类创造的一切文明成果为社会主义现代化建设服务的需要。

改革开放是中国共产党的一次伟大觉醒

2018年12月,习近平总书记在庆祝改革开放40周年大会上指出:"改革开放是我们党的一次伟大觉醒,正是这个伟大觉醒孕育了我们党从理论到实践的伟大创造。"[①] 这一重要论断,高度概括了邓小平倡导改革开放深刻的思想意义。其实质含义主要是指,改革开放使我们党在"什么是社会主义,怎样建设社会主义"这一根本问题上的思想认识发生了根本性的转变。这里讲的伟大觉醒,主要有以下四点。

破除对马克思主义教条式理解,不断推动马克思主义理论创新,用发展了的马克思主义指导实践

马克思主义创始人和其他经典作家,依据他们对当时社会的深入考察和分析,创立了马克思主义的科学体系,深刻揭示了人

---

① 习近平:《在庆祝改革开放40周年大会上的讲话》,《人民日报》2018年12月19日。

类社会发展的客观规律，特别是深刻揭示了人类社会走向社会主义的历史必然性和社会主义发展的一般规律，确立了科学社会主义的基本原则。今天我们建设中国特色社会主义，一定要始终坚持马克思主义的指导地位。但是，马克思主义是发展的科学体系，发展的观点是马克思主义的基本观点。马克思主义不是一成不变的，而是随着时代和实践的发展而发展的。马克思主义也只有不断回答和解决前人没有回答和解决的问题，不断形成新的思想成果，才能保持自己的科学性与先进性。

20世纪50年代末期以来，由于各种原因，我们党在思想上逐渐陷入僵化。一个最突出的表现，就是对马克思、恩格斯、列宁等马克思主义经典作家关于社会主义的一些论述作教条式的理解，机械地照抄照搬。特别是在"文化大革命"中，林彪、江青两个反革命集团煽动极左思潮，大搞形而上学，割裂马克思列宁主义、毛泽东思想的科学体系，将马克思主义经典作家关于一些具体问题的结论一般化、绝对化、神圣化，甚至把一些根本不是马克思主义的东西附会到马克思主义名下。在很长一段时间内，一些束缚生产力发展、并不具有社会主义本质属性的东西，或者只适合于某种特殊历史条件的东西，被当作"社会主义基本原则"加以固守；而一些有利于在社会主义条件下推动生产力发展的东西，则被当作"资本主义复辟因素"加以反对，在"什么是社会主义，什么是马克思主义"的问题上制造了极大的思想混乱。

"文化大革命"结束后，在"左"的思想影响下，党内又形成了将毛泽东晚年思想主张绝对化、教条化的"两个凡是"的思想禁锢。如果按"两个凡是"办，一切只能沿着"文化大革命"的错误道路继续走下去，国家将不可避免地再度陷入混乱，实现"四个现代化"的愿望也终将落空。"两个凡是"严重束缚了人们的思想,越来越引起党内外很多人的不满。要彻底澄清思想上的混乱,不能不首先面对和解决用什么作为检验真理的标准的问题以及全面、正确评价毛泽东同志的问题。1978年5月,在邓小平的领导和许多老一辈革命家的支持下,思想理论界开展了关于真理标准问题的大讨论,重新提出了"实践是检验真理的唯一标准"的科学命题。1978年12月,党的十一届三中全会高度评价了关于真理标准问题大讨论,"两个凡是"的错误方针被废止。1981年6月,党的十一届六中全会通过《关于建国以来党的若干历史问题的决议》(以下简称《决议》),在充分肯定毛泽东同志的历史地位和历史功绩的同时,指出:"对毛泽东同志的言论采取教条主义态度,以为凡是毛泽东同志说过的话都是不可移易的真理,只能照抄照搬,甚至不愿实事求是地承认毛泽东同志晚年犯了错误,并且还企图在新的实践中坚持这些错误,这种态度也是完全错误的。"由此,《决议》成为全党共识,从而实现了党的指导思想上的拨乱反正。

真理标准问题大讨论和党的指导思想的拨乱反正,破除了林彪、江青两个反革命集团制造的现代思想蒙昧,打破了"两个凡是"的思想禁锢,恢复了毛泽东思想的本来面貌,全党思想回到了马克思列宁主义和毛泽东思想的正确轨道上。我们党重新认识到:实践是检验真理的唯一标准,马克思主义是在实践中不断接受检验的科学理论;马克思主义科学理论不是教条,而是行动指南;马克思主义必须随着时代、实践、认识的发展而发展,必须不断吸收人类历史上一切优秀思想文化成果来丰富自己。

毛泽东早在1937年写作的《实践论》中就指出,马克思列宁主义并没有结束真理,而是在实践中不断开辟认识真理的道路。20世纪50年代末60年代初,我国社会主义建设经历曲折的时候,毛泽东感到了中国共产党领导社会主义建设事业的理论准备不足。他通过调查研究发现,"大跃进"和人民公社化运动中出现了"左"的错误。在努力纠"左"的过程中,对经济建设规律、商品生产、价值法则等问题进行了深入思考,对我国建设社会主义形成了一些新的正确认识。1959年,毛泽东在总结党领导社会主义建设的经验教训时指出:"任何国家的共产党,任何国家的思想界,都要创造新的理论,写出新的著作","单靠老祖宗是不行的。"[①] 但是,历史没有这样直线发展下去。在当时的情况下,我们党不可能彻底纠正指导思想上"左"的错误,而且由于各种原因的影响,"左"的错误更加蔓延,"创造新的理论,写出新的著作"只能陷入空想。党的十一届三中全会以后,我们党既始终坚持马克思主义的指导地位,又不断推动马克思主义理论创新,在继承以毛泽东同志为主要代表的中国共产党人探索社会主义建设道路的思想成果的基础上,总结党领导人民建设中国特色社会主义新的实践经验,创立、形成了中国特色社会主义理论体系,实现了毛泽东"创造新的理论,写出新的著作"的遗愿。中国特色社会主义理论体系是发展了的马克思主义,是当代中国的马克思主义。四十多年来,我们坚持用这一科学思想体系指导实践,推动社会主义改革开放和现代化建设取得了一个又一个伟大胜利。

习近平总书记指出:"实践没有止境,理论创新也没有止境。

[①]《毛泽东文集》第八卷,人民出版社1999年版,第109页。

世界每时每刻都在发生变化，中国也每时每刻都在发生变化，我们必须在理论上跟上时代，不断认识规律，不断推进理论创新、实践创新、制度创新、文化创新以及其他各方面创新。"① 在新的时代条件下，我们要进行伟大斗争、建设伟大工程、推进伟大事业、实现伟大梦想，仍然需要保持和发扬马克思主义政党与时俱进的理论品格，勇于推进实践基础上的理论创新。党的十八大以来，以习近平同志为核心的党中央全面审视国际国内新形势，紧紧围绕坚持和发展中国特色社会主义这个主题，在领导全党和全国人民进行创造性实践的过程中，不断进行理论思考、理论概括，提出了一系列极富创见的新思想、新观点、新论断、新要求，以高度的理论自觉深刻回答了新时代坚持和发展什么样的中国特色社会主义、怎样坚持和发展中国特色社会主义这个重大时代课题，创立了习近平新时代中国特色社会主义思想，把我们党对共产党执政规律、社会主义建设规律、人类社会发展规律的认识提高到新境界，进一步丰富和发展了中国特色社会主义理论体系。

深刻认识和把握社会主义初级阶段基本国情，走出一条有中国特色的社会主义建设道路

我国社会主义所处的历史阶段等基本国情，是党制定正确的路线、方针、政策的根本依据。有了对基本国情的正确判断，才会形成对社会主要矛盾和主要任务的正确认识。在中国建设社会主义，既不是马克思主义创始人设想的在资本主义高度发展的基

---

① 《习近平著作选读》第二卷，人民出版社2023年版，第22页。

础上建设社会主义，也不同于其他国家建设社会主义。因此，照抄书本不行，照搬外国经验也不行，而必须根据中国的国情，走出一条中国特色的社会主义建设道路。

20 世纪 50 年代中期，在建立社会主义制度时，我们党对我国在"一穷二白"基础上搞社会主义建设的基本国情有过正确的判断。1956 年，毛泽东在筹备召开党的八大时提出，要探索适合中国情况的社会主义建设道路。同年召开的党的八大提出，我国阶级矛盾已经基本解决，社会的主要矛盾是"人民对于经济文化迅速发展的需要同当前经济文化不能满足人民需要的状况之间的矛盾"。但是，后来由于苏共二十大后西方敌对势力乘机掀起反共反社会主义浪潮、中苏论战以及反右斗争扩大化等国内外主客观原因，"左"的思想日益滋长。我们没有把党的八大的正确判断和认识坚持下来，而是脱离实际、脱离国情提出了许多超越社会发展阶段的目标、要求和政策。特别是，背离了我国生产力发展的实际状况和经济社会发展规律，轻率地发动"大跃进"和人民公社化运动，使社会生产生活遭到严重破坏，也使人民群众建设社会主义的积极性遭到严重伤害。进而，彻底改变了党的八大对社会主要矛盾的判断，重提阶级斗争，并认为社会主义社会的主要矛盾仍然是阶级斗争。在 1962 年 9 月召开的党的八届十中全会上，毛泽东把社会主义社会中一定范围内存在的阶级斗争扩大化和绝对化，断言在整个社会主义历史阶段资产阶级都将存在和企图复辟，并成为党内产生修正主义的根源。1963 年 5 月，中共中央《关于目前农村工作中若干问题的决定（草案）》提出，当前中国社会出现了严重的尖锐的阶级斗争。1963 年 9 月，中共中央《关于农村社会主义教育运动中的一些具体政策的规定（草案）》

明确提出"以阶级斗争为纲"的方针,从而使阶级斗争扩大化的"左"倾思想发展到实行"以阶级斗争为纲"的错误路线。

党的十一届三中全会以后,邓小平在领导对党的指导思想拨乱反正的过程中,总结过去"左"的错误的思想根源和教训,对中国基本国情作了深入思考。1979年3月,邓小平在党的理论工作务虚会上指出:底子薄,人口多,耕地少,百分之八十的人口是农民等实际情况,是"中国现代化建设必须考虑的特点"。① 1981年6月,党的十一届六中全会通过的邓小平主持起草的《关于建国以来党的若干重大历史问题的决议》,第一次提出"我们的社会主义制度还是处于初级阶段"。1986年9月,党的十二届六中全会通过的《中共中央关于社会主义精神文明建设指导方针的决议》正式提出"我国还处在社会主义的初级阶段"。1987年8月,党的十三大即将召开,邓小平明确要求党的十三大报告要以社会主义初级阶段作为立论根据,一切要从社会主义初级阶段"这个实际出发,根据这个实际来制订规划"。② 根据邓小平的意见,党的十三大报告系统阐述了社会主义初级阶段理论,阐明了社会主义初级阶段的基本矛盾和根本任务,完整地提出了党在社会主义初级阶段"一个中心、两个基本点"的基本路线。

社会主义初级阶段的国情论断,回答了我国进入社会主义社会之后的历史方位、主要矛盾和根本任务等重大问题,为中国特色社会主义的开创提供了最根本的实际依据和理论基石,为党制定正确的路线、方针、政策提供了最根本的实际依据和衡量标准。

---

① 《邓小平文选》第二卷,人民出版社1994年版,第164页。
② 《邓小平文选》第三卷,人民出版社1993年版,第252页。

正是在这个论断的基础上，"我们党对我国社会主义建设规律的认识深刻得多了，经验丰富得多了，贯彻执行我们的正确方针的自觉性和坚定性大大加强了"。①1982年，邓小平在党的十二大开幕词中提出了"走自己的道路，建设有中国特色的社会主义"这一理论和实践命题。正是在这个论断的基础上，我们党彻底纠正了"以阶级斗争为纲"的错误路线。邓小平指出："搞社会主义，中心任务是发展社会生产力。"②"多少年来我们吃了一个大亏，社会主义改造基本完成了，还是'以阶级斗争为纲'，忽视发展生产力。"③党的十三大恢复了党的八大对社会主要矛盾的正确判断，并形成了对现阶段社会的根本任务等的正确认识。党的十三大报告指出，我们在现阶段所面临的主要矛盾，是人民日益增长的物质文化需要同落后的社会生产之间的矛盾。现阶段社会的主要矛盾决定了：这个阶段最根本的任务是发展社会生产力，满足人民日益增长的物质文化生活需要，提高人民生活水平。为实现这一根本任务，就必须坚持以经济建设为中心，把发展作为党执政兴国的第一要务，并始终坚持以"是否有利于发展社会主义社会的生产力，是否有利于增强社会主义国家的综合国力，是否有利于提高人民的生活水平"④作为标准衡量和检验我们的工作。

党的十八大以来，以习近平同志为核心的党中央始终坚持社会主义初级阶段的论断，依据这个论断对新时代坚持和发展中国特色社会主义作出战略部署和安排。习近平总书记在党的十九大

---

① 《邓小平文选》第三卷，人民出版社1993年版，第2页。

② 同①，第130页。

③ 同①，第141页。

④ 同①，第372页。

报告中要求全党"要牢牢把握社会主义初级阶段这个基本国情，牢牢立足社会主义初级阶段这个最大实际"①。改革开放四十多年的实践也证明，我们只有牢牢把握基本国情和社会主义初级阶段不断变化的特点，才能从根本上做到从实际出发谋划发展、制定政策，也才能更好地体现发展新要求和人民群众新期待。

社会主义是不断发展前进的，社会主义制度确立之后，还要通过革命性改革不断发展和完善

科学社会主义的创始人之一恩格斯指出："社会主义社会不是一种一成不变的东西，而应当和任何其他社会制度一样，把它看成是经常变化和改革的社会。"②科学社会主义创始人基于当时的历史条件，揭示了关于社会主义社会的一般规律，提出了社会主义的一般原则，但是时代和历史条件在不断发生变化，社会主义在实践当中还会出现很多他们没有预见到的情况和问题。因此，社会主义没有一个一成不变的模式，社会主义制度的建立不是一劳永逸的，而是需要通过革命性改革不断发展和完善。

改革是社会主义的题中应有之义，也是社会主义实践的传统。国际共产主义运动的实践也证明了这一点。20 世纪 40 年代，东欧兴起的社会主义与科学社会主义创始人设计的社会主义不一样，而 50 年代崛起的社会主义阵营又与 40 年代东欧兴起的社会主义不一样。20 世纪 50 年代，从南斯拉夫实行工人自治制度改革开始，探索适合本国国情的社会主义建设道路一度蔚然成

---

① 《习近平著作选读》第二卷，人民出版社 2023 年版，第 10 页。
② 《马克思恩格斯选集》第四卷，人民出版社 1995 年版，第 693 页。

风，形成了世界社会主义的多样性。改革绝不是要否定和抛弃社会主义，而是要在坚持社会主义的前提下，通过改革实现社会主义制度的自我完善和发展，进而充分发挥和体现社会主义制度的优势。苏东剧变的历史证明，改革要牢牢把握社会主义方向不动摇，既不能走封闭僵化的老路，也不能走改旗易帜的邪路。

社会主义制度无疑是比资本主义更先进、优越的社会制度，但是它的先进性和优越性是在与资本主义的比较甚至竞争中体现出来的。毛泽东在我国进入社会主义社会以后指出："我国现在的社会制度比较旧时代的社会制度要优胜得多。如果不优胜，旧制度就不会被推翻，新制度就不可能建立。"[1]后来的实践表明，社会主义与资本主义的这种竞争将是长期的，社会主义制度只有通过改革不断完善和发展，才能保持自己的先进性和优越性并最终战胜资本主义。

20世纪中期，我国在确立社会主义制度的同时，即开始探索适合中国国情的社会主义建设道路，社会主义制度以崭新的面貌和生机勃勃的姿态出现在中国大地上。但是，后来由于"左"的指导思想的滋生和发展，我们在社会主义建设的理论与实践上日益僵化，将固有制度模式化，社会主义逐渐失去应有的生机与活力，导致经济社会发展遭受严重挫折。特别是"文化大革命"导致我国经济濒临崩溃，人民温饱都成问题。在1978年12月这一历史转折时刻，邓小平指出："如果现在再不进行改革，我们的现代化事业和社会主义事业就会被葬送。"[2]当改革全面推开之后，1985年，他又提出了"改革是社会主义制度的自我完善"的著名论断。

---

[1]《毛泽东文集》第七卷，人民出版社1999年版，第214页。
[2]《邓小平文选》第二卷，人民出版社1994年版，第150页。

社会主义制度自我完善和发展的根本途径就是改革，而且是革命性的改革。改革不是对现行制度细枝末节的修补，而是要进行一场革命性变革。邓小平称之为"中国的第二次革命"。他还具体阐述，"我们所有的改革都是为了一个目的，就是扫除发展社会生产力的障碍"①，"革命是解放生产力，改革也是解放生产力"，"社会主义基本制度确立以后，还要从根本上改变束缚生产力发展的经济体制，建立起充满生机和活力的社会主义经济体制，促进生产力的发展，这是改革，所以改革也是解放生产力"。② 邓小平的一系列论述，归结起来就是：在坚持社会主义制度这一根本前提下，通过改革实现社会主义制度的自我完善和发展，进而推动社会生产力的进一步解放和发展，充分发挥和体现社会主义制度的优越性。

2018年12月，习近平总书记在庆祝改革开放40周年大会上指出，"改革开放是中国人民和中华民族发展史上一次伟大革命"，并强调，"改什么、怎么改必须以是否符合完善和发展中国特色社会主义制度、推进国家治理体系和治理能力现代化的总目标为根本尺度"。③ 这一重要论述，进一步从中华民族伟大复兴的高度上概括了改革开放的革命意义，并强调了改革开放完善和发展社会主义制度的根本目标。

"社会主义制度并不等于建设社会主义的具体做法。"④ 通过改革完善和发展社会主义制度，不仅指方方面面的具体制度，而且

---

① 《邓小平文选》第三卷，人民出版社1993年版，第134页。
② 同①，第370页。
③ 《习近平著作选读》第二卷，人民出版社2023年版，第225—226页。
④ 《邓小平文选》第二卷，人民出版社1994年版，第250页。

还包括社会主义的基本政治制度、经济制度、文化制度及其他各个方面的基本制度、基本体制等。这种革命性的改革，最突出的是经济领域的所有制改革和经济体制改革。

建立和完善社会主义市场经济体制，是我国经济体制改革最重要的内容，四十年来经济体制改革的过程就是建立和完善社会主义市场经济体制的过程。建立社会主义市场经济体制，是我们党对传统社会主义思想的一大突破。在马克思和恩格斯设想的社会主义社会中，商品生产将被取消。十月革命后，列宁曾指出社会主义国家与人民的关系只能是等价交换的商品关系，但没有在理论上明确回答社会主义与商品经济的关系问题。后来斯大林虽然承认社会主义存在商品生产，但他将商品生产限制在一个很小的范围，并且认为生产资料不是商品生产。在中国，20世纪50年代末，毛泽东在纠正"大跃进"和人民公社化运动"左"倾错误过程中，提出要利用商品生产、商品流通、价值法则为社会主义服务，但他也没有从社会主义经济的整体属性上来认识问题。因此，长期以来，在人们的传统观念中市场经济是资本主义的东西，而计划经济才是社会主义经济的基本特征。如果这个传统观念没有大的突破，我国的经济体制改革乃至其他方面的改革一步都迈不开。

通过四十年的探索和努力，我国确立并逐步完善以公有制为主体、多种所有制经济共同发展的基本经济制度，确立并逐步完善社会主义市场经济体制。同时，政治、文化及其他方面具有中国特色的社会主义制度也在逐步建立和完善，构成了中国特色社会主义全面的制度体系，从而极大地解放了社会生产力，社会主义焕发出新的生机与活力。

社会主义是开放的,不能关起门来搞建设,必须全面、全方位地实行对外开放

中国共产党在对外开放方面思想认识的转变,突出表现在处理社会主义与资本主义的关系上。

马克思和恩格斯在《共产党宣言》中指出:"资产阶级在它的不到一百年的阶级统治中所创造出来的生产力,比过去一切世代创造的全部生产力还要多,还要大。"[1] 资本主义已存在了几百年,它的根本社会制度是维护资产阶级统治秩序的,但资本主义国家的人民在几百年生产活动中创造积累的文明成果是人类共同的财富,是各个国家和民族都可以吸收借鉴的。社会主义主张由社会拥有和控制产品、资本、土地、资产等,并基于公众利益进行管理和分配;科学社会主义坚持人民创造历史的文明史观,主张依靠人民群众并调动一切积极因素,极大地发展社会生产力。因此,社会主义较之其他社会制度,具有更大的开放性和包容性。这种开放性和包容性,使社会主义在长期的历史发展中,必然吸收和借鉴资本主义国家人民创造积累的文明成果。列宁在探索苏联社会主义建设道路时把"利用资本主义"放到重要位置,开拓了经济文化不发达国家建设社会主义的新视野。列宁提出:"仅靠摧毁资本主义,还不能填饱肚子。必须取得资本主义遗留下来的全部文化,并且用它来建设社会主义。必须取得全部科学、技术、知识和艺术。否则,我们就不可能建设共产主义社会的生活。"[2]

---

[1]《马克思恩格斯选集》第一卷,人民出版社2012年版,第405页。
[2]《列宁全集》第三十六卷,人民出版社1985年版,第48页。

早在新民主主义革命时期，毛泽东就曾指出，在中国搞现代化建设要发展和利用资本主义。他在党的七大上所作的《论联合政府》报告中，对如何利用资本主义有过集中的论述："有些人不了解共产党人为什么不但不怕资本主义，反而在一定的条件下提倡它的发展。我们的回答是这样简单：拿资本主义的某种发展去代替外国帝国主义和本国封建主义的压迫，不但是一个进步，而且是一个不可避免的过程。它不但有利于资产阶级，同时也有利于无产阶级，或者说更有利于无产阶级。现在的中国是多了一个外国的帝国主义和一个本国的封建主义，而不是多了一个本国的资本主义，相反地，我们的资本主义是太少了。"① 进入社会主义建设时期，毛泽东在一些讲话中指出："一切国家的好经验我们都要学，不管是社会主义国家的，还是资本主义国家的，这一点是肯定的。"② "外国资产阶级的一切腐败制度和思想作风，我们要坚决抵制和批判。但是，这并不妨碍我们去学习资本主义国家的先进的科学技术和企业管理方法中合乎科学的方面。"③ "我们的方针是，一切民族、一切国家的长处都要学，政治、经济、科学、技术、文学、艺术的一切真正好的东西都要学。"④ 1962年党的八届十中全会上，毛泽东在讲话中一方面重提阶级斗争，另一方面还指出："要利用资本主义国家的技术。列宁也利用，斯大林也利用，利用德国的技术、美国的技术。我们现在要走这条路。"⑤

---

① 《毛泽东选集》第三卷，人民出版社1991年版，第1060页。
② 《毛泽东文集》第七卷，人民出版社1999年版，第242页。
③ 同②，第43页。
④ 同②，第41页。
⑤ 《毛泽东传》第五册，中央文献出版社2011年版，第2221—2222页。

我国是在经济文化相对落后的基础上建设社会主义，尤其要发展对外经济技术交流和合作，努力吸收世界文明成果，逐步缩小同发达国家的差距。然而，在较长一段时间内，客观上由于西方资本主义国家对我国实行封锁、孤立，主观上则由于党的指导思想不断陷入僵化及"左"的错误的影响，在处理国家关系上，简单地以意识形态划线，特别是将社会主义与资本主义视为水火不相容的两个世界，从而使我国一度处于一种封闭半封闭状态。这样一来，我国在经济发展和科技、教育等方面与西方发达国家的差距越来越大。

国门打开之后，我们清楚地看到了自己的落后与差距，也深切地感受到了对外开放的紧迫性。邓小平对此深有感触："现在的世界是开放的世界。中国在西方国家产业革命以后变得落后了，一个重要原因就是闭关自守。建国以后，人家封锁我们，在某种程度上我们也还是闭关自守，这给我们带来了一些困难。三十几年的经验教训告诉我们，关起门来搞建设是不行的，发展不起来。"[①] 邓小平提出："对内经济搞活，对外经济开放，这不是短期的政策，是个长期的政策，最少五十年到七十年不会变。"[②] 对外开放，成为我国的一项基本国策。

对外开放的实践，使我们在社会主义与资本主义及其他社会制度关系问题上的思想认识进一步发生了深刻转变。1992年，邓小平在南方谈话中提出了全面、全方位对外开放的目标。这就是"吸收和借鉴人类社会创造的一切文明成果，吸收和借鉴当今世界各国包括资本主义发达国家的一切反映现代社会化生产规律

---

① 《邓小平文选》第三卷，人民出版社1993年版，第64页。

② 同①，第79页。

的先进经营方式、管理方法"。①党的十八大以来，我们坚持全面、全方位的对外开放，努力吸收包括西方发达资本主义国家在内的世界各国创造的文明成果，同时更加强调"文明互鉴"。习近平总书记指出，我们不仅要继续认真学习和借鉴世界各国创造的一切有益文明成果，而且要努力推动各种文明之间的交流和互鉴，促进人类文明的共同发展。以习近平同志为核心的党中央擘画领导在国内创办自由贸易区，在国际上倡导"一带一路"建设，开创了对外开放的新局面。习近平总书记在庆祝改革开放四十周年大会上指出："开放带来进步，封闭必然落后。中国的发展离不开世界，世界的繁荣也需要中国。"②这是对改革开放四十年实践经验的深刻总结，也为党和人民提供了宝贵的思想启示。

---

① 《邓小平文选》第三卷，人民出版社1993年版，第373页。
② 《习近平著作选读》第二卷，人民出版社2023年版，第228页。

邓小平小康社会设计
与中华民族伟大复兴

2020年，我国全面建成小康社会，实现了中华民族伟大复兴"三步走"的第二步战略目标。不是什么东西都能在历史上留下来。有一些东西，不要多长时间，人们就会淡忘。但是，小康、小康社会，不会在人们的词汇中消失；从20世纪70年代末到2020年，中国共产党领导中国人民建设小康社会的历史，必将会被历史永远记载下来；作为中国改革开放总设计师的邓小平对小康社会建设的设计，必将深深地铭刻在中华民族伟大复兴的历史上。

小康社会设计及其引申出来的"三步走"发展战略，使中华民族的伟大复兴第一次有了明确而切实的发展战略、目标和时间表，小康社会建设使中华民族复兴大业上了一个新台阶

中华民族的伟大复兴，就是要改变自鸦片战争以后形成的落后挨打状态，追赶世界先进潮流，把中国建设成为一个现代化强国，使中华民族再次进入世界先进民族之林。这是一百多年来中国人民的最大愿望，许许多多先进人物为之进行了多种多样的尝试和奋斗，但是在中国共产党登上历史舞台之前，没有人对民族复兴大业真正提出过正确的全面的途径，更没有人提出过切实的发展战略和发展目标。

真正提出中国现代化发展战略和目标，并真正开启中国现代化进程的是中国共产党。毛泽东创立新民主主义理论，成功地指导中国新民主主义革命取得胜利，并且正确回答、解决了中国这样一个经济落后的农业国家在民主革命胜利后进行现代化建设的一系列重要问题。新中国的成立，为国家大规模地进行现代化建设提供了根本的条件。1954年9月，毛泽东、周恩来在第一届全国人民代表大会上提出了"四个现代化"的目标，即用三个五年计划十五年左右的时间打基础，然后用七个五年计划也就是到20世纪末，把我国建设成为一个伟大的社会主义现代化强国。

"四个现代化"目标的提出，对于中国现代化建设和中华民族伟大复兴具有深远的影响和意义。后来由于各种原因，这一目标的实施遭到严重挫折，1975年，应党和人民的要求，周恩来在党的四届人大重申"四个现代化"的目标，并提出"两步走"的设想。即第一步，在1980年以前建立一个独立的比较完整的工业体系和国民经济体系；第二步，在20世纪末实现"四个现代化"。周恩来提出的设想，明确现代化建设要分步骤进行，反映出党和人民对现代化建设客观规律的认识提高了，但是仍然没有改变20年前提出的时间表。

邓小平是毛泽东"四个现代化"目标决策的参与者和实施者，也是周恩来"两步走"决策的参与者和实施者，深知其得与失。长时期以来，中国经济建设从整体上走的是一条高速度、高积累、低效益、低消费的路子。到20世纪70年代末，虽然仍保持较高的增长速度，经济体系也建构起来了，但是基础薄弱，比例失调，特别是人民生活水平没有得到相应的提高，甚至温饱问题都没有解决。邓小平清醒地意识到，到20世纪末中国要实现国际标准的现代化是不可能的。但是，中国共产党已经向世界宣布了这一目标，党和人民也满怀希望实现这一目标。于是，邓小平从现实实际出发，在1979年提出"中国式的现代化"、现代化的"中国标准"的概念，这就是人均国民生产总值800至1000美元的小康目标。小康目标，没有改变毛泽东、周恩来提出的时间表，也没有改变周恩来后来提出的"两步走"的设想。我国在20世纪末基本实现了小康，实现了中国标准的现代化阶段性目标，也就是说，兑现了毛泽东、周恩来的诺言，圆了中国人民一个世纪的梦！

小康目标的提出，开辟了从中国实际出发制定中国现代化发展的长期战略和目标的广阔思路。到1987年党的十三大召开前，邓小平对中国到21世纪中叶的发展战略和目标，形成了成熟的思考，这就是人们常说的"三步走"的发展战略目标，或者说发展战略。即第一步，实现国民生产总值比1980年翻一番，解决人民的温饱问题（这个目标当时已经提前实现）；第二步，到20世纪末使国民生产总值再增长一倍，人民生活达到小康水平；第三步，到21世纪中叶，人均国民生产总值达到中等发达国家水平，基本实现现代化。

"三步走"的发展战略，把一百多年来中国人民振兴中华的历史夙愿与实现国家现代化的现实诉求紧紧结合起来，把中华民族复兴的伟大目标具体化为中国现代化发展的战略目标,使中华民族真正拥有了一个可感可触的共同理想和共同目标。这一战略设想,还提出了中国从20世纪80年代到21世纪中叶跨世纪的70年间中国现代化发展的战略措施、步骤等。"三步走"战略设想中,关键是第二步"小康"目标,这是中国现代化发展承前启后的一个战略阶段。进入21世纪之后,党的十六大在实事求是分析小康水平现状的基础上,提出了全面建设小康社会的目标,这就是:在21世纪头20年,全面建设惠及十几亿人口的更高水平的小康社会。这一目标是对邓小平"三步走"发展战略设想的丰富和发展。全面建设小康社会目标的提出,在中国现代化发展的历史进程中树起了一座新的里程碑。将21世纪头20年作为"三步走"发展战略中第二步与第三步之间的一个战略发展阶段,具有重大的现实意义和长远的战略意义。全面建设小康社会的成功实践,使中国实现了经济社会又一次跨越式发展,为中国在21世纪中叶基本实现现代化并最终实现中华民族的伟大复兴,打下了坚实的基础。

小康社会理论设计是社会全面进步的设计,凸显了中华民族全面复兴的必然要求和根本目标,有力地推动了社会的全面进步

民族复兴是经济、社会的全面复兴。社会全面进步是民族复兴的必然要求,也是民族复兴的最终目标。民族复兴的过程,不单纯是一个物质财富的积累过程,还应是一个社会全面进步的过程。在近代中国历史上,从洋务派到维新派认识不到这一点,他

们想在不触动社会根本制度的前提下,通过发展兵工及洋务产业达到富国强军的目的。孙中山在推翻清王朝封建专制之后,曾经对社会进步失去了目标,希望通过发展资本主义工商业实现振兴中华。中国共产党领导的新民主主义革命是彻底的社会革命。毛泽东曾经概括说,中国革命是要"使中华民族来一个大翻身,由半殖民地变为真正的独立国,使中国人民来一个大解放,将自己头上的封建压迫和官僚资本(即中国的垄断资本)的压迫一起掀掉,并由此造成统一的民主的和平局面,造成由农业国变为工业国的先决条件,造成由人剥削人的社会向着社会主义社会发展的可能性"。[①] 毛泽东这里讲的"使中华民族来一个大翻身"和"使中国人民来一个大解放",无疑即我们现在所讲的民族复兴。毛泽东这一段话,不仅揭示了革命与民族复兴的关系,而且揭示了社会进步与民族复兴的关系,即民族复兴的最终目标是社会的全面进步。

新中国成立后,中国共产党在领导人民进行经济建设的同时,积极推进社会全面进步,建立起了社会主义社会。但是,在长时间中对什么是社会主义和怎样建设社会主义的问题,陷入了"左"的错误思维。特别是"文化大革命"中,极左思潮泛滥,给人们思想造成严重的混乱。一个非常突出的问题是,很多人对社会进步没有了方向感和目标感,尤其是对社会主义社会怎样真正发挥优越性感到茫然,再抽象地谈社会主义社会的发展方向和社会主义社会优越性已经不管用了。在这种情况下,邓小平在开创中国特色社会主义的过程中,将小康目标发展为小康社会

[①]《毛泽东选集》第四卷,人民出版社1991年版,第1375页。

目标，提出了小康社会的理论设计。这个理论设计的框架是：第一，小康社会是"人民普遍丰衣足食，安居乐业"的社会；第二，小康社会是物质文明建设和精神文明建设同时发展、全面进步的社会，即"不仅经济要上去，社会秩序、社会风气也要搞好"；①第三，小康社会是共同富裕、和谐稳定的社会。这一理论设计，引申"小康"传统概念，将人们传统的社会理想同现实诉求结合起来，将社会主义的基本原则和社会主义社会优越性具体化，勾勒出一个让人们可近可亲的社会愿景图。

邓小平的小康社会设计是社会全面进步的设计，既提出了社会全面进步的现实目标，又揭示了社会全面进步长远的发展方向。之后，中国共产党历届中央领导集体坚持这一目标方向，丰富发展了这一设计。党的十六大到十八大，都根据形势的发展和实际情况的变化，对全面建设小康社会提出了新的目标和要求。这些目标和要求，集中体现了社会全面进步的目标和要求。十六大重提中华民族伟大复兴，并明确地将社会的全面进步作为民族复兴的重要目标，提出在全面建设小康社会中，要推动社会的全面进步和人的全面发展。十七大又明确提出推进和谐社会建设，并将社会建设纳入社会主义现代化建设的整体布局中。十八大进一步充实和完善了全面建成小康社会的目标体系，明确把生态文明建设列入全面建成小康社会的目标要求，并提出使各方面的制度更加定型。这些都有力地推进了社会全面进步，有力地推进了民族复兴大业。

---

① 《邓小平文选》第三卷，人民出版社1993年版，第378页。

小康社会建设的实践，提振了民族精神，培育了实干兴邦的一代新风，为进一步推进中华民族复兴大业创造了新的精神条件

要实现民族的伟大复兴，必须提振民族精神，特别是不断增强民族自尊心和自信心。中华民族是一个敢于争先、不甘落后、自强不息的民族，近代以来追赶先进潮流、振兴中华成为全民族的雄心壮志，这是实现中华民族伟大复兴最重要的精神条件。新中国的成立，一扫旧的精神积弊，中国人首先从精神上完全"站起来了"，被长期压抑的民族自尊心和自信心空前表现出来。毛泽东曾在开国前夕用诗一样的语言说，"中国的命运一经操在人民自己的手里，中国就将如太阳升起在东方那样，以自己的辉煌的光焰普照大地"。[①]

在新中国成立后的前二十几年里，中国共产党一方面领导人民群众艰苦奋斗，奋发图强，取得了社会主义建设的巨大成就；另一方面，从20世纪50年代末期之后，盲目地提出"赶英超美"，陷入脱离实际，违背客观规律，盲目地追求高速度、高指标并以政治运动的方式搞经济建设的错误。到70年代中期"文化大革命"结束时，我国国民经济和人民生活陷入十分困难的境地，人民群众社会主义建设的积极性受到严重伤害，对国家的前途和命运陷入悲观，"四个现代化"的目标似乎越来越远。在这个时候，邓小平领导中国共产党纠正错误，开辟建设有中国特色社会主义的新道路，并提出了中国现代化建设新的发展目标，这

[①]《毛泽东选集》第四卷，人民出版社1991年版，第1467页。

就是小康社会目标和"三步走"的发展战略目标。

小康社会目标和"三步走"发展战略目标，是要求成番成倍增长、跨越式发展的战略目标。这一战略目标，要求用总共一百年的时间实现西方一些发达国家用了两百多年或者一百多年才实现的目标。这一战略目标的提出，在当时使处在困境中的党和人民看到了国家发展的新的希望，振奋了精神。

小康社会目标和"三步走"战略发展目标，又是坚持从实际出发、实事求是的战略目标，是要求党和人民脚踏实地、埋头苦干的战略目标。这一战略目标立足中国国情，把解决人民温饱问题作为第一步，找准了中华民族复兴的历史起点和现实基础。这一战略目标，是依据中国发展的主客观条件和实际发展情况逐步形成确定的，它所规定的经济增长指标是经过严密测算确定的。因此，这一战略目标具有严格的科学性和不可移易性，它要求党和人民必须脚踏实地、埋头苦干。1992年，已从党和国家领导岗位上退下来的邓小平曾经语重心长地对后继者说："如果从建国起，用一百年时间把我国建设成中等水平的发达国家，那就很了不起！从现在起到下世纪中叶，将是很要紧的时期，我们要埋头苦干。我们肩膀上的担子重，责任大啊！"①

四十多年来，邓小平小康社会设计和"三步走"发展战略的成功实践，使我国现代化建设上了一个新的台阶，使中华民族复兴大业上了一个新的台阶。小康社会建设的辉煌成就和成功实践，极大地提振了民族精神，增强了中华民族的民族自尊心和自信心，培育了实干兴邦的一代新风，为进一步推进民族复兴大业

---

① 《邓小平文选》第三卷，人民出版社1993年版，第383页。

创造了新的精神条件。中华民族从来没有像今天这样目标一致、万众一心,人民群众从来没有像今天这样表现出空前的创造历史的奋发精神。

邓小平与小康目标的提出和完善*

小康目标的提出,是在党的十一届三中全会后改革开放和社会主义现代化建设新的历史时期,但有着深刻的历史渊源,是中国社会主义现代化建设历史进程发展的结果,是中国共产党人探索社会主义现代化道路的成果。

"四个现代化目标"的提出和现代化建设的曲折发展

实现现代化,是几代中国人的梦想。新中国成立后,特别是随着1956年社会主义基本制度在中国的建立,中国共产党和中国人民开始了建设社会主义现代化的伟大历程。

1953年,随着各项社会改革的完成和国民经济的迅速恢复,我国进入大规模的经济建设时期。这年9月,党提出的过渡时期总路线明确指出:"要在一个相当长的时期内,逐步实现国家的

---

* 同龙平平、张爱茹等合写,原载《小康社会理论与实践发展三十年》,中央文献出版社2009年12月版。

社会主义工业化。"1954年6月，毛泽东在中央人民政府委员会第三十次会议上所作的《关于中华人民共和国宪法草案》讲话中提出，用"三个五年计划，即十五年左右"的时间，为社会主义工业化打下一个基础。①1954年9月，周恩来在一届全国人大一次会议上所作的《政府工作报告》中提出，要建设起"强大的现代化的工业、现代化的农业、现代化的交通运输业和现代化的国防"。②这是党的领导人对"四个现代化"概念所作的最早表述。1956年9月，党的八大把"四个现代化"的目标写进了《中国共产党章程》，提出要"使中国具有强大的现代化的工业、现代化的农业、现代化的交通运输业和现代化的国防"。

1956年，党的八大前夕，毛泽东进一步提出中国社会主义现代化建设分两步走的构想：第一步，用三个五年计划的时间实现初步工业化。第二步，再用几十年的时间接近或赶上世界最发达的资本主义国家。③这年9月，在党的八大召开期间，毛泽东把实现第二步目标所用的"几十年的时间"明确为50年到100年。自20世纪50年代末开始，党在指导思想上逐渐陷入"左"的错误，在经济建设上不切实际地提出"超英赶美"的口号，轻率地发动"大跃进"和人民公社化运动，使社会主义现代化建设的进程遭受严重挫折。

经过努力纠"左"和调整，到1963年前后，党对社会主义现代化建设目标和发展步骤的思考又回到1956年党的八大的正确认识上。1963年9月，中央工作会议提出分"两步走"，实现

---

① 《毛泽东文集》第六卷，人民出版社1999年版，第329页。
② 《周恩来选集》下卷，人民出版社1984年版，第132页。
③ 《毛泽东年谱（1949—1976）》第二卷，中央文献出版社2013年版，第597页。

四个现代化的发展战略：第一步，用 15 年时间，建立一个独立的、比较完整的工业体系和国民经济体系，使我国工业体系大体接近世界先进水平；第二步，用 50 年到 100 年时间，使我国工业走在世界前列，全面实现农业、工业、国防和科学技术的现代化，使我国经济走在世界前列。至此，四个现代化目标形成了完整的表述。

把科学技术现代化作为四个现代化之一，反映了毛泽东和党中央对当时世界生产力发展大势的正确判断。20 世纪 50 年代以后，新科技革命逐渐成为解放和推动生产力发展的主动力。美国、联邦德国、日本等在新科技革命的推动下，经济步入高速发展期。美国从 1961 年 1 月到 1969 年 10 月，经济连续增长 106 个月，被称为美国"繁荣的 10 年"。日本从 1955 年至 1960 年，经济年均增长 8.5%，1960 年至 1965 年为 9.8%。联邦德国从 1951 年到 1971 年的 20 年间，国内生产总值增加了 5 倍多，是除日本之外发展最快的西方国家。毛泽东和党的其他领导人看到了中国在经济和科学技术上同西方发达资本主义国家之间的巨大差距，对现代化的发展目标和战略的考虑更加务实和全面。1964 年 12 月 13 日，毛泽东在修改三届全国人大一次会议的政府工作报告稿时，特别强调了现代科学技术在我国现代化建设中的重要作用。他说："我们不能走世界各国技术发展的老路，跟在别人后面一步一步地爬行。我们必须打破常规，尽量采用先进技术，在一个不太长的历史时期内，把我国建设成为一个社会主义的现代化的强国。"① 12 月 21 日，周恩来在《政府工作报告》中把四个现

---

① 《毛泽东文集》第八卷，人民出版社 1999 年版，第 341 页。

代化的战略目标和分"两步走"的发展战略，正式向全党和全国人民提了出来。他指出："今后发展国民经济的主要任务，总的说来，就是要在不太长的历史时期内，把我国建设成为一个具有现代农业、现代工业、现代国防和现代科学技术的社会主义强国，赶上和超过世界先进水平。""我国的国民经济发展，可以按两步来考虑：第一步，建立一个独立的比较完整的工业体系和国民经济体系；第二步，全面实现农业、工业、国防和科学技术的现代化，使我国经济走在世界的前列。"①

1966年开始的长达10年之久的"文化大革命"，使党的工作重心转向了"以阶级斗争为纲"，"四个现代化"的战略目标和"两步走"的发展战略刚开始实施就被迫中断，国家经济建设遭到十分严重的破坏和损失。据统计资料，在1967年到1969年动乱最严重的三年中，我国经济建设已经陷于停顿和倒退。而这个时期，在新科技革命的推动下，不但日本、美国和欧洲发达国家的经济持续高速发展，而且原来一些比较落后的国家和地区，如韩国、新加坡、中国香港、中国台湾等，也抓住机遇快速发展，实现了经济腾飞。

到"文化大革命"后期，面对国民经济出现的严重局面，毛泽东和党的其他一些领导人把注意力转移到经济建设上。1974年11月，毛泽东作出"把国民经济搞上去"的指示。1975年1月，周恩来在四届全国人大一次会议上作《政府工作报告》，重申1964年在三届全国人大一次会议提出的四个现代化建设"两步走"的发展战略："第一步，用15年时间，即在1980年以前，

---

① 《周恩来选集》下卷，人民出版社1984年版，第439页。

建成一个独立的比较完整的工业体系和国民经济体系；第二步，在本世纪内，全面实现农业、工业、国防和科学技术的现代化，使我国国民经济走在世界的前列。"①重提"四个现代化"的目标和"两步走"的发展战略，给正在经受"文化大革命"内乱之苦的人民群众以极大的振奋，使人们看到了国家由乱到治的希望。

四届人大结束不久，经毛泽东批准，复出工作的邓小平替代重病的周恩来主持国务院工作。邓小平全力领导了以经济领域为主的整顿。在领导推动各方面整顿的过程中，他对本世纪实现四个现代化的目标作了思考。

1975年4月，邓小平在会见美国众议院议长卡尔·艾伯特、众议院共和党领袖约翰·罗兹等人时说："我们这个国家还很落后。我们也有一些雄心壮志，看能不能在20世纪末达到比较发展的水平。所谓比较发展的水平，比你们、比欧洲的许多国家来说，还是落后的。我国人口多，有8亿人，人均国民收入还是很低的。钢要达到你们和欧洲、日本的水平，至少要50年的时间，而到那时候，你们又发展了。"②这年6月2日，他在会见以尤金·帕特森为团长的美国报纸主编协会代表团和美联社董事长保尔·米勒时，这样描述四届人大提出的现代化"两步走"的发展目标和战略："总的说来，我们发展社会主义经济，建设国家，是按照毛主席的指示分两步走。第一步是用10年左右的时间，把中国的工业、农业、科学技术这些方面建成独立的比较完整的体系，使各方面都有比较好的发展。第二步是在这个世纪的末期达到现代化水平。所谓现代化水平，就是接近或比较接近现在发

---

① 《周恩来选集》下卷，人民出版社1984年版，第479页。
② 《邓小平年谱（1975—1997）》（上），中央文献出版社2004年版，第30页。

达国家的水平。当然不是达到同等的水平。在这个时期内还办不到，因为中国有自己的情况，首先是人口比较多。但还有25年的时间，我们有信心达到比较接近通常说的西方的水平。"①

邓小平把我国四个现代化的目标与"发达国家的水平""西方的水平"相比较，从动态的分析中揭示了实现这一目标的艰巨性。1975年9月15日，他在全国农业学大寨会议上的讲话中说："25年来，在农业方面，我们由过去旧中国的半饥饿状态做到了粮食刚够吃，这件事情不可小视，这是一个伟大的成绩。在工业方面，我们也打下了一个初步的基础。但是，我们应该有清醒的头脑，尽管有了这个基础，但我们还很穷、很落后，不管是工业、农业，要赶上世界先进水平还要几十年的时间。所以，我们说形势好，有希望，大有希望，但是，头脑要清醒，要鼓干劲，不仅路线要正确，而且要政策正确，方法正确。"②

邓小平既看到了我国现代化建设的艰巨性，又反复强调党和人民有信心实现这一雄心壮志。按照他领导整顿的思路，如果没有后来的反复，我国现代化建设是能逐步走上预想的正常轨道的。但是，事与愿违。由于党在指导思想上"以阶级斗争为纲"的错误没有得到纠正，不可能集中精力进行现代化建设。不久，在所谓"反击右倾翻案风"的运动中，邓小平又一次被打倒，整顿被迫中断，我国现代化建设的进程再次遭受严重挫折。

---

① 《邓小平年谱（1975—1997）》（上），中央文献出版社2004年版，第52—53页。
② 同①，第97—98页。

小康目标的提出

1976年10月,党和人民粉碎"四人帮",结束了"文化大革命"。内乱之后,百废待兴,最重要的还是经济建设。人民群众强烈希望迅速恢复发展经济,摆脱贫困的生活;党的领导人也急切地希望短期内把国民经济搞上去,改变党和国家工作的被动局面。

人心思定。"文化大革命"结束后,党的领导人重提四个现代化,希望用四个现代化的目标凝聚党心、民心,这无疑是好的。而且,国民经济得到较快恢复,有些方面还有所发展。但是,接着又犯了急于求成、片面追求高速度的毛病。1977年8月,党的十一大把实现四个现代化、建设社会主义现代化国家作为党在20世纪的奋斗目标写进了党章。在11月至12月召开的制定国民经济长期规划的全国计划会议上,则提出了赶超世界最发达的资本主义国家和世界先进水平的具体方案:到2000年分三个阶段,即3年、8年和23年,打几个大战役,建设120个大项目,20世纪末使中国的主要工业产品产量分别接近、赶上和超过最发达的资本主义国家,各项经济技术指标分别接近、赶上和超过世界先进水平。1978年2月5日,中共中央下发的国家计委《关于经济计划的汇报要点》和《1978年国民经济计划主要指标》提出:到20世纪末,钢产量达到1.3亿到1.5亿吨,粮食产量达到1.3万亿到1.5万亿斤。1978年2月26日至3月5日召开的五届全国人大一次会议上通过的《政府工作报告》和《一九七六年至一九八五年发展国民经济十年规划纲要(草案)》,提出了具体的指标要求:到1985年,粮食产量达到8000亿斤,钢产量达到6000万吨。在1978年到1985年这8年内,建设12个大面积商品粮基地，新建和续建120个大型项目，其中有10个大钢铁基地、9个大有色金属基地、8个大煤矿基地、10个大油气田、30个大电站等。按照这个要求，这8年间主要工业产品新增加的产量都将大大超过过去28年增加的产量；国家财政收入和基本建设投资，都相当于过去28年的总和。

在这些高经济指标的驱动下，全国上下"大干快上"，大上项目，加速引进，出现了"全面跃进的新局面"，结果造成了国家财政困难和国民经济比例更加失调的严重情况。后来，人们把这个时期的跃进称为"洋跃进"。出现这样一个局面，有这样几方面的原因：一是对"文化大革命"给经济造成的破坏估计不足，特别是对当时已经存在的国民经济比例失调的情况估计不足；二是"文化大革命"刚刚结束，"左"的思想还束缚着人们，还没有也不可能对以往经济建设上的错误和教训进行比较彻底的总结和反思；三是党内对现代化的认识还有很大的局限性，特别是对中国现代化建设的艰巨性认识不足，急切希望尽快改变中国经济技术落后面貌，对自己的估计不很切合实际，大的项目搞得太多，基本建设战线太长，结果就出现问题了。①

重新思考中国现代化建设发展目标的问题提了出来。

在中国这样一个贫穷落后、人口众多的东方大国搞现代化建设，首先要弄清楚与世界现代化进程的差距。邓小平复出工作后不久，就郑重地提出，要到发达国家去看看，应当看看人家是怎样搞的。②"看看人家的现代工业发展到什么水平了，也看看他们的经济工作是怎么管的。"要把资本主义国家先进的经验、好的

---

① 《邓小平年谱（1975—1997）》（下），中央文献出版社2004年版，第732页。
② 《邓小平年谱（1975—1997）》（上），中央文献出版社2004年版，第373页。

经验学回来。① 要"知道世界是什么面貌"②。在邓小平的大力倡导下，1978年前后，我国在封闭半封闭十多年以后，打开国门，相继派出多批经济代表团、考察团，赴日本、西欧和美国等西方发达国家参观考察。这些代表团、考察团考察归来最突出的感受是：世界现代化发展一个年代一个水平。1978年9月12日，在朝鲜访问的邓小平感慨地对金日成说："最近我们的同志出去看了一下，越看越感到我们落后。什么叫现代化？50年代一个样，60年代不一样了，70年代就更不一样了。"③

1978年，邓小平本人也频繁地出国访问，上半年访问了缅甸、尼泊尔，下半年访问了朝鲜、日本、泰国、马来西亚、新加坡。1979年初又访问了美国。通过实地考察，邓小平更真切地了解到了当代世界现代化发展的最高水平，也更真切地看到了中国与外部世界的巨大差距。访日期间，邓小平到神奈川县日产汽车公司工厂参观，当了解到那里的劳动生产率比当时中国长春第一汽车制造厂高几十倍时，他说："我懂得什么是现代化了。"1979年1月在前往美国访问之前，邓小平特别提出，既然到了最发达的国家，参观活动要围绕美国最先进的工业和高科技项目展开。访美期间，他先后参观了福特汽车厂、约翰逊航天中心、休斯公司、波音公司等大型现代化企业。

中国与世界现代化先进水平之间的巨大差距，促使邓小平思考中国既定的"在20世纪末实现四个现代化"的战略目标的可行性。他感到"我们头脑里开始想的同我们在摸索中遇到的实际

---

① 《邓小平年谱（1975—1997）》（上），中央文献出版社2004年版，第305页。
② 同①，第398页。
③ 同①，第372—373页。

情况有差距"①,"在本世纪末我们肯定不能达到日本、欧洲、美国和第三世界中有些发达国家的水平"②,我们要在本世纪末实现四个现代化的雄心壮志是不现实的③。因此,他在1978年9月6日会见来访的日本新闻界人士时,对到20世纪末中国要实现的四个现代化目标作出了比较"保守"的解释。他说,就是到20世纪末,我们实现了四个现代化,我们也还是不富,我们的水平比你们差得远。

1978年12月,党的十一届三中全会召开,决定停止使用"以阶级斗争为纲"的错误口号,把党和国家的工作重点转移到以经济建设为中心的社会主义现代化建设上来,并且作出了改革开放的重大决策。然而,这个时候,国民经济比例关系严重失调、物资短缺、财政困难的局面日益显现,中央决定进行国民经济调整。

1979年3月21日至23日,中共中央政治局召开会议,讨论1979年国民经济计划和国民经济调整问题。会上,国家计委提交了修改1979年计划的建议,指出:1978年建设规模搞大了,引进搞急了,钢搞多了,加剧了国民经济比例的失调,要下决心进行调整,加强农业和轻工业,缩短基本建设战线,工业速度由12%降为8%。中央政治局同意国家计委的建议。21日,陈云在会上特别指出,制订计划,要从国情出发。他说,我们国家是一个9亿多人口的大国,80%的人口是农民。革命胜利30年了,人民生活有改善,但不少地方还有要饭的。不估计到这种情况,

---

① 《邓小平年谱(1975—1997)》(上),中央文献出版社2004年版,第631页。
② 《邓小平年谱(1975—1997)》(下),中央文献出版社2004年版,第732页。
③ 同①,第631—632页。

整个经济搞不好。一方面我们还很穷，另一方面要经过20年，即在本世纪末实现四个现代化。这是一个矛盾。人口多，要提高生活水平不容易；搞现代化用人少，就业难。我们只能在这种矛盾中搞四化。这个现实的情况，是制定建设蓝图的出发点。23日，邓小平在会上指出，中心任务是三年调整，这是个大方针、大政策。这次调整，首先要有决心，东照顾西照顾不行，决心很大才干得成。他还说，过去提以粮为纲、以钢为纲，现在到该总结的时候了。一个国家的工业水平，不光决定于钢。①4月5日至28日，中央召开工作会议，确定用三年时间对国民经济实行以调整为中心的"调整、改革、整顿、提高"的方针。

在领导和指导经济调整的过程中，邓小平、陈云等人根据中国的国情并参照世界各国现代化的进程，重新思考在国家基础薄弱、财力严重不足的情况下，实现现代化要多快的速度，中国的四个现代化到本世纪末究竟要达到一个什么水平的问题。

1979年3月21日，邓小平在会见英中文化协会会长马尔科姆·麦克唐纳为团长的英中文化协会执行委员会代表团时，第一次提出了"中国式的四个现代化"的概念。他说："我们定的目标是在本世纪末实现四个现代化。我们的概念与西方不同，我姑且用个新说法，叫做中国式的四个现代化。现在我们的技术水平还是你们50年代的水平。如果本世纪末能达到你们70年代的水平，那就很了不起。就是达到这个水平，也还要做许多努力。由于缺乏经验，实现四个现代化可能比想象的还要困难些。"②两天后，他在中央政治局会议上又把"中国式的四个现代化"表述为

---

① 《邓小平年谱（1975—1997）》（上），中央文献出版社2004年版，第497页。
② 同①，第496页。

"中国式的现代化"。他说:"我同外国人谈话,用了一个新名词:中国式的现代化。到本世纪末,我们大概只能达到发达国家70年代的水平,人均收入不可能很高。"①

3月30日,邓小平在理论工作务虚会上的讲话中,结合阐述中国的国情,对"中国式的现代化"作了全面、深入的阐发。他指出,"底子薄"和"人口多,耕地少"是中国实现四个现代化和中国现代化建设"必须看到"和"必须考虑"的"两个重要特点"。"由于底子太薄,现在中国仍然是世界上很贫穷的国家之一。中国的科学技术力量很不足,科学技术水平从总体上看要比世界先进国家落后二三十年。""耕地少,人口多特别是农民多,这种情况不是很容易改变的"。因此,他进而提出:"中国式的现代化,必须从中国的特点出发。比方说,现代化的生产只需要较少的人就够了,而我们人口这样多,怎样两方面兼顾?不统筹兼顾,我们就会长期面对着一个就业不充分的社会问题。这里问题很多,需要全党做实际工作和理论工作的同志共同研究,我们也一定能找出适当的办法来妥善解决。"②

"中国式的现代化"是一个全新的概念,同"四个现代化"相比,它新在哪里?"中国式的现代化"是什么样的现代化?

1979年7月28日,邓小平在青岛接见山东省委和青岛市委负责人时,第一次为"中国式的现代化"定出了标准。他说:"搞现代化就是要加快步伐,搞富的社会主义,不是搞穷的社会主义。""有的人说社会主义不如西方好,如果那样,你这是什么社会主义?是'四人帮'的社会主义。生产力不发展,有什么社会

---

① 《邓小平年谱(1975—1997)》(上),中央文献出版社2004年版,第497页。
② 《邓小平文选》第二卷,人民出版社1994年第2版,第163、164页。

主义优越性。如果我们人均收入达到1000美元，就很不错，可以吃得好，穿得好，用得好。"①

"人均收入达到1000美元"，"吃得好，穿得好，用得好"，这就是到20世纪末要实现的"中国式的现代化"。在这里，邓小平参照西方发达国家人均收入的标准，为"中国式的现代化"定出了1000美元的标准。并且，他用"吃得好，穿得好，用得好"这样老百姓的家常话来描述现代化发展目标，使"现代化"这样一个抽象的概念，一下子就变得让普通人民群众都很容易理解和掌握了。

人均收入达到1000美元的标准，究竟怎么样？能不能达到？邓小平还在进一步思考。两个多月后，10月4日，邓小平在省、市、自治区党委第一书记座谈会上，又进一步参照国际上通用的人均国民生产总值的衡量标准，对"中国式的现代化"目标作了新的解释和说明。他说："所谓政治，就是四个现代化。我们开了大口，本世纪末实现四个现代化。后来改了个口，叫中国式的现代化，就是把标准放低一点。特别是国民生产总值，按人口平均来说不会很高。据澳大利亚的一个统计材料说，1977年，美国的国民生产总值按人口平均为8700多美元，占世界第五位。第一位是科威特，11000多美元。第二位是瑞士，1万美元。第三位是瑞典，9400多美元。第四位是挪威，8800多美元。我们到本世纪末国民生产总值能不能达到人均上千美元？前一时期我讲了一个意见，等到人均达到1000美元的时候，我们的日子可能就比较好过了。""现在我们的国民生产总值人均大概不到300美

---

① 《邓小平思想年谱（1975—1997）》，中央文献出版社1998年版，第540页。

元，要提高两三倍不容易。我们还是要艰苦奋斗。就是降低原来的设想，完成低的目标，也得很好地抓紧工作，要全力以赴，抓得很细，很具体，很有效。"①

1979年12月6日，邓小平会见来访的日本首相大平正芳。谈话一开始，大平正芳就向邓小平提出了两个日本国内议论较多的问题："中国根据自己独自的立场提出了宏伟的现代化规划，要把中国建设成伟大的社会主义国家。中国将来会是什么样？整个现代化的蓝图是如何构思的？"对大平正芳提出的问题，邓小平给出了明确的答案。他说："我们要实现的四个现代化，是中国式的四个现代化。我们的四个现代化的概念，不是像你们那样的现代化的概念，而是'小康之家'。到本世纪末，中国的四个现代化即使达到了某种目标，我们的国民生产总值人均水平也还是很低的。要达到第三世界中比较富裕一点的国家的水平，比如国民生产总值人均1000美元，也还得付出很大的努力。就算达到那样的水平，同西方来比，也还是落后的。所以，我只能说，中国到那时也还是一个小康的状态。"②

这是邓小平第一次用"小康"来描述四个现代化的战略目标。小康目标诞生了。

小康目标的含义及其在实践中的不断完善

小康目标的提出，是以邓小平同志为核心的第二代中央领导集体，从中国的国情出发，并参考世界发达国家现代化建设的经

---

① 《邓小平文选》第二卷，人民出版社1994年第2版，第194—195页。

② 同①，第237页。

验，对20世纪50年代以来我们党提出的"要在本世纪末全面实现四个现代化"的目标的重大的调整和修改。这一目标的提出，对我们党科学地制定和完善现代化发展的战略，具有十分深远的意义。

"小康"，是中国传统社会长期处于贫困状态的普通百姓对衣食无忧生活的一种美好追求与向往。用"小康"来定位一个时期中国现代化建设的战略目标，是把现代社会价值观与传统社会理想结合起来的睿智的创造。

小康目标是一个与先进的发展理念相融合的科学概念。它参照国际社会普遍的做法，用世界上通用的衡量一个国家或地区生产水平和生活水平的人均国民生产总值作为标准，为本来很抽象的一个社会发展目标概念确定了一个具体的标准。这就使现代化的目标不仅更容易为广大人民群众所掌握，而且又便于与世界各国作比照，根据各种情况适时作出新的调整，从而成了一个动态的、开放式的发展目标。这个目标，有以下几层含义。

一是，"小康"是"四个现代化的最低目标"，"就是还不富裕，但日子好过"。"社会存在的问题能比较顺利地解决"。邓小平说："目标放低一点好，可以超过它。""目标定低一点是为了防止产生急躁情绪，避免又回到'左'的错误上去。"[①]

二是，"小康"的现代化，是中国式的现代化，"不是西方的现代化"。[②] 邓小平说："中国这样的底子，人口这样多，耕地这样

---

① 《邓小平年谱（1975—1997）》（下），中央文献出版社2004年版，第1243、1244页；《邓小平年谱（1975—1997）》（上），中央文献出版社2004年版，第586页。

② 《邓小平年谱（1975—1997）》（下），中央文献出版社2004年版，第816页。

少，劳动生产率、财政收支、外贸进出口都不可能一下子大幅度提高，国民收入的增长速度不可能很快。"所以"我们的四个现代化是中国式的"。①

三是，"小康"的中国式的现代化，虽然"不能同西方比"②**，但是可以依靠社会主义的优越性，使人民的生活得到很大改善。**邓小平说，如果我们的国民生产总值真正达到每人平均1000美元，那我们的日子比他们2000美元还要好过。"因为我们这里没有剥削阶级，没有剥削制度，国民总收入完全用之于整个社会，相当大一部分直接分配给人民。他们那里贫富悬殊很大，大多数财富是在资本家手上。"③

小康目标虽然是一个"目标定低"了的"中国式的现代化"目标，但是，要真正实现还是困难重重。据80年代初有关部门的估计，中国要在20世纪末达到人均1000美元，大约每年需要8%至10%的增长率。而当时在制定长期规划时，确定第六个五年计划（1981年到1985年）的年均增长率为4%到5%。

人均国民生产总值1000美元的具体标准究竟能不能达到？一贯尊重实际的邓小平又做了深入的调查研究。

1980年六七月间，邓小平先后到陕西、四川、湖北、河南等地考察。7月22日，他在听取河南省委第一书记段君毅、第二书记胡立教的工作汇报后说："对如何实现小康，我作了一些调查，让江苏、广东、山东、湖北、东北三省等省份，一个省一个省算账。我对这件事最感兴趣。8亿人口能够达到小康水平，这就

---

① 《邓小平文选》第二卷，人民出版社1994年第2版，第259页。
② 《邓小平年谱（1975—1997）》（下），中央文献出版社2004年版，第785页。
③ 同①。

是一件很了不起的事情。""你们河南地处中原","河南是中州,是处于中等水平,也是个标准","要认真算账"。"'中原标准'、'中州标准',有一定的代表性"。"河南能上去,其他一些省也应该能上去。"①

经过实地调研和研究各种条件,邓小平感到人均1000美元难以达到,因此在1980年10月首次把1000美元调整为800至1000美元。他说:"经过这一时期的摸索,看来达到1000美元也不容易,比如说800、900,就算800,也算是一个小康生活了。"② 如果"到本世纪末人均国民生产总值达到1000美元","国民生产总值就要超过1.2万亿美元,因为到那时我们人口至少有12亿",我们"争取人均达到1000美元,最低达到800美元"。③ 怎样实现最低800美元这个目标?邓小平做了精心的设计和规划。他提出争取20年翻两番。10年翻一番,两个10年翻两番,"到本世纪末人均国民生产总值达到800至1000美元,进入小康社会。"④

邓小平的这个构想,1981年11月被写入五届人大四次会议通过的《政府工作报告》。报告指出:"力争用20年的时间使工农业总产值翻两番,使人民的消费达到小康水平。到那时,我们国家的经济就可以从新的起点出发,比较快地达到经济比较发达国

---

① 《邓小平年谱(1975—1997)》(上),中央文献出版社2004年版,第659页;《回忆邓小平》上,中央文献出版社1998年版,第143页。
② 《邓小平年谱(1975—1997)》(下),中央文献出版社2004年版,第732页。
③ 同②,第785页。
④ 《邓小平年谱(1975—1997)》(上),中央文献出版社2004年版,第681页;《邓小平年谱(1975—1997)》(下),中央文献出版社2004年版,第732页。

家的水平。"

1982年8月,邓小平在会见美籍华人科学家邓昌黎、陈树柏、牛满江、葛守仁、聂华桐等人时,进一步解释说:"我们提出20年改变面貌,不是胡思乱想、海阔天空的变化,只是达到一个小康社会的变化,这是有把握的。小康是指国民生产总值达到1万亿美元,人均800美元。社会主义制度收入分配是合理的,赤贫的现象可以消灭。到那时,国民收入的1%分配到科学教育事业,情况就会大不同于现在。""搞了一二年,看来小康目标能够实现。前10年打基础,后10年跑得快一点。"[1]

1982年9月,党的十二大正式将邓小平提出的本世纪末实现小康的构想确定为20世纪末中国现代化发展的战略目标。

---

[1]《邓小平年谱(1975—1997)》(下),中央文献出版社2004年版,第837—838页。

邓小平与小康社会建设理论的形成与发展

邓小平最初提出"小康"目标,即人均国民生产总值达到800—1000美元,既是国家现代化发展的经济指标,也是人民群众生活水平提高的指标,这就是要解决人民的温饱问题,使人民群众的消费达到小康水平。这一目标确立之后,邓小平仍在继续深入思考能不能实现和怎么样实现的问题,同时开始思考这一目标实现之后经济社会全面发展的问题。由此,他形成并不断丰富了小康社会建设的理论。小康社会建设成为党和人民跨世纪的战略任务,小康社会建设也成为中华民族伟大复兴历史进程中的一个波澜壮阔的历史阶段。

从小康目标到小康社会建设理论

1982年9月,党的十二大报告正式把邓小平提出的本世纪末实现小康目标的构想确定为今后20年中国经济发展的战略目标:"从1981年到本世纪末的20年,力争使全国工农业的年总产值翻两番,即由1980年的7100亿元增加到2000年的2.8万亿元左右。"报告指出:"实现了这个目标,我国国民收入总额和主要工农业产品的产量将居于世界前列,整个国民经济的现代化过程将取得重大进展,城乡人民的收入将成倍增长,人民的物质文化生活可以达到小康水平。"

党的十二大报告中确定的到2000年"翻两番"、达到2.8万亿元左右,是指我国通常称的全国工农业的年总产值。把2.8万亿元的全国工农业的年总产值换算为国际通用的国民生产总值,并按照不变价格和1980年人民币与美元的汇率计算,就是1万亿美元左右。如果按照人口年均增长千分之十二点五计算,2000年以后我国人口将达到12亿左右,那么人均国民生产总值就是800美元,这也就是邓小平所说的小康。

目标确立了,邓小平仍在思考这个目标究竟能不能按时实现的问题。1982年10月,他在同国家计委负责人宋平谈话时说:"到本世纪末,20年的奋斗目标定了,工农业总产值翻两番。靠不靠得住?十二大说靠得住。相信是靠得住的。但究竟靠不靠得住,还要看今后的工作。"①

1983年2月,邓小平到经济发展较快的江苏、浙江、上海等地考察。10多天的时间里,他在苏州、杭州和上海反复询问和论证的问题是:到2000年,能不能实现翻两番?有没有信心?人均800美元,达到这样的水平,社会上是一个什么面貌?发展前景是什么样子?在江苏,他了解到:1977年至1982年6年间,江苏全省工农业总产值翻了一番。照这样的增长速度,用不了20

---

① 《邓小平年谱(1975—1997)》(下),中央文献出版社2004年版,第859页。

年时间，就有把握实现翻两番；从1978年到1982年底，苏州的工农业总产值从65.59亿元增加到104.88亿元，人均1300多元，按当时的比价人均已接近800美元。照这样的速度，苏州大约用15年时间，到1995年就能实现"翻两番"的目标。在江苏，他还问到人均800美元的目标实现后，社会是一个什么面貌？江苏的同志根据江苏的实际做了回答。在杭州，他了解到：1980年浙江人均330美元，预计1990年可以达到人均660美元，到2000年达到1300多美元，通过努力，可以翻三番。他特别提出，到2000年，江苏、浙江应该多翻一点，拉一拉青海、甘肃、宁夏这些基础落后的省，以保证达到全国翻两番的目标。

江、浙、沪之行使邓小平对实现"翻两番"的小康目标充满了信心。

他开始进一步思考在经济"翻两番"的同时社会发展的问题。3月2日，回到北京后不久，他即约请中央负责人谈话，描述了他在江、浙、沪了解到的达到小康目标时的社会状况："第一，人民的吃穿用问题解决了，基本生活有了保障；第二，住房问题解决了，人均达到20平方米"；"第三，就业问题解决了，城镇基本上没有待业劳动者了；第四，人不再外流了，农村的人总想往大城市跑的情况已经改变；第五，中小学教育普及了，教育、文化、体育和其他公共福利事业有能力自己安排了；第六，人们的精神面貌变化了，犯罪行为大大减少。"[①]

邓小平提出的这六条，不只是经济方面，还包括政治、教育、文化和社会、法制等各个方面；不仅描述了经济发展和人民

---

① 《邓小平文选》第三卷，人民出版社1993年版，第24—25页。

生活的小康水平，还描述了整个社会发展的小康水平，从而设计出了一个经济社会协调发展、全面发展的新的社会发展目标。这后来被人们认为是最早提出的小康社会的六条标准。小康社会建设理论由此初步形成。

1984年10月，邓小平在中央顾问委员会第三次全体会议上的讲话中，对他提出的这六条标准做了全面、深入的阐释。他说："翻两番的意义很大。这意味着到本世纪末，年国民生产总值达到一万亿美元。从总量说，就居于世界前列了。这一万亿美元，反映到人民生活上，我们就叫小康水平；反映到国力上，就是较强的国家。因为到那时，如果拿国民生产总值的1%来搞国防，就是100亿，要改善一点装备容易得很。据说苏联是20%的国民生产总值用于国防，为什么他翻不起身来，就是负担太沉重。100亿美元能够办很多事情，如果用于科学教育，就可以开办好多大学，普及教育也就可以用更多的力量来办了。智力投资应该绝不止1%。""至于人民生活，到本世纪末达到小康水平，比现在要好得多。去年我到苏州，苏州地区的工农业年总产值已经接近人均800美元。我了解了一下苏州的生活水平。在苏州，第一是人不往上海、北京跑，恐怕苏南大部分地方的人都不往外地跑，乐于当地的生活；第二，每个人平均20多平方米的住房；第三，中小学教育普及了，自己拿钱办教育；第四，人民不但吃穿问题解决了，用的问题，什么电视机，新的几大件，很多人也都解决了；第五，人们的精神面貌有了很大的变化，什么违法乱纪、犯罪行为大大减少。""这几条就了不起呀！现在我们还要不断地打击刑事犯罪分子，真正到了小康的时候，人的精神面貌就不同了。物质是基础，人民的物质生活好起来，文化水平提高了，精神面貌会有大变化。我们对刑事犯罪活动的打击是必要的，今后还要继续打击下去，但是只靠打击并不能解决根本的问题，翻两番、把经济搞上去才是真正治本的途径。""如果实现了翻两番，那时会是个什么样的政治局面？我看真正的安定团结是肯定的。国家的力量真正是强大起来了，中国在国际上的影响也会大大不同了。"①

小康社会目标，将人们传统的社会理想和现实诉求结合起来，将社会主义的基本原则和社会主义制度的优越性具体化，勾勒出了一个让人们可亲可近的社会愿景图。这一目标，是一个从实际出发、脚踏实地的发展目标，立足中国国情，找准了中国现代化发展的历史起点和现实基础。

"三步走"发展战略的确立和小康社会建设理论的不断丰富

在制定和不断完善20世纪末实现小康社会目标的同时，邓小平还在思考中国下一个世纪的发展目标。他说，我们虽然活不到那个时候，但有责任提出那个时候的目标。

早在1981年9月，邓小平在会见日本公明党委员长竹入义胜为团长的日本公明党第十次访华代表团时就指出："实现四个现代化是相当大的目标，要相当长的时间。本世纪末也只能搞一个小康社会，要达到西方比较发达国家的水平，至少还要再加上30年到50年的时间，恐怕要到21世纪末。"② 当年11月，他在

---

① 《邓小平文选》第三卷，人民出版社1993年版，第88、89页。
② 《邓小平年谱（1975—1997）》（下），中央文献出版社2004年版，第769—770页。

会见美国财政部部长唐纳德·里甘时进一步明确提出，在实现小康的基础上，"在下个世纪再花30年到50年时间，接近西方的水平。"①

1984年4月，邓小平再次指出：我们的第一个目标就是到本世纪末达到小康水平，第二个目标就是要在30年至50年内达到或接近发达国家的水平。②

1984年，是我国进入新时期后经济发展最快、最好的一年。这一年，我国工农业总产值年增长14.2%。比"六五"计划确定的1981年到1985年年均增长4%到5%的目标高出了近10个百分点。这一年，党的十二届三中全会通过《中共中央关于经济体制改革的决定》，我国进入了全面改革的新的发展阶段。全面改革促进了经济的发展。到1985年10月，面对经济发展的大好形势，邓小平十分乐观地预见，20世纪末人均国民生产总值800美元的"目标肯定能实现，还会超过一点"。③因此，到1986年6月，他又对人均指标作了一个调整，把人均800美元改为800至1000美元。④此后，他一直沿用800至1000美元或1000美元的说法。

1987年2月18日，邓小平在会见加蓬总统邦戈时，提到"到下世纪中叶我们建成中等发达水平的社会主义国家"，把他之前提出到21世纪中叶我国要"达到或接近发达国家的水平"的

---

① 《邓小平年谱（1975—1997）》（下），中央文献出版社2004年版，第785页。

② 同①，第970页。

③ 同①，第1093页。

④ 同①，第1124页。

目标,修改为达到"中等发达水平"①。这一修改,无疑使这一发展目标更加符合实际,也更加好把握了。不久,他又为"中等发达水平"确定了具体的标准。1987年4月,他明确提出:"到本世纪末,中国人均国民生产总值将达到800至1000美元,看来1000美元是有希望的。""更重要的是,有了这个基础,再过50年,再翻两番,达到人均4000美元的水平"。"那时,15亿人口,国民生产总值就是6万亿美元,这是以1980年美元与人民币的比价计算的,这个数字肯定是居世界前列的。"②这样,邓小平就把21世纪中叶的战略目标具体地确定为"人均4000美元"和"国民生产总值6万亿美元"。

1987年4月30日,邓小平在同西班牙政府副首相格拉会谈时,第一次比较完整地概括了从新中国成立到21世纪中叶100年间中华民族百年图强的"三步走"经济发展战略。他说:"我们原定的目标是,第一步在80年代翻一番。以1980年为基数,当时国民生产总值人均只有250美元,翻一番,达到500美元。第二步是到本世纪末,再翻一番,人均达到1000美元。实现这个目标意味着我们进入小康社会,把贫困的中国变成小康的中国。那时国民生产总值超过1万亿美元,虽然人均数还很低,但是国家的力量有很大增加。我们制定的目标更重要的还是第三步,在下世纪用30年到50年再翻两番,大体上达到人均4000美元。做到这一步,中国就达到中等发达的水平。这是我们的雄心壮志。"③

1987年10月,党的十三大正式确认了邓小平提出的三步走

---

① 《邓小平文选》第三卷,人民出版社1993年版,第204页。
② 同①,第216页。
③ 同①,第226页。

发展战略：第一步，实现国民生产总值比1980年翻一番，解决人民的温饱问题。这个任务已经基本实现。第二步，到本世纪末，使国民生产总值再增长一倍，人民生活达到小康水平。第三步，到下个世纪中叶，人均国民生产总值达到中等发达国家水平，人民生活比较富裕，基本实现现代化。然后，在这个基础上继续前进。

在改革开放的推动下，我国经济从1984年到1988年经历了一个加速发展的飞跃时期，国内生产总值除1986年增长8.9%以外，其余年份的增长速度都在10%以上。国民生产总值从1984年的7206.7亿元，增长到1988年的14922.3亿元，整整增长了一倍，提前实现了原定到1990年国民生产总值比1980年翻一番的目标。全国绝大多数地区基本解决了温饱问题，部分地区开始向小康水平过渡。贫困地区人民生活也有了不同程度的改善。至此，"三步走"战略目标的第一步目标顺利实现。这标志着我国社会主义现代化建设开始进入一个新的发展阶段：向20世纪末"翻两番"的小康目标迈进。

小康社会目标究竟包括哪些内容？在20世纪末要步入的小康社会究竟是个什么样的面貌？从20世纪80年代中后期开始，邓小平在设计"三步走"发展战略的过程中，提出了一系列新颖的设想和论断，进一步丰富了小康社会理论。

第一，小康社会是"人民普遍丰衣足食，安居乐业"的社会。 邓小平说："所谓小康社会，就是虽不富裕，但日子好过。"① 按照他的这个描述，党的十三大提出了达到小康水平对经济、社

---

① 《邓小平文选》第三卷，人民出版社1993年版，第161—162页。

会发展的具体要求:"社会经济效益、劳动生产率和产品质量明显提高,国民生产总值和主要工农业产品产量大幅度增长,人均国民生产总值在世界上所占位次明显上升。工业主要领域在技术方面大体接近经济发达国家 70 年代或 80 年代初的水平,农业和其他产业部门的技术水平也将有较大提高。城镇和绝大部分农村普及初中教育,大城市基本普及高中和相当于高中的职业技术教育。人民群众将能过上比较殷实的小康生活。"

第二,小康社会是物质文明建设和精神文明建设一起抓、全面进步的社会。邓小平说,我们进行社会主义现代化建设,"不仅经济要上去,社会秩序、社会风气也要搞好"[1],社会主义物质文明建设和精神文明建设要一起抓。他多次强调:"搞四个现代化一定要有两手,只有一手是不行的。""所谓两手,即一手抓建设,一手抓法制"[2];"一手抓改革开放,一手抓打击各种犯罪活动"[3];"一手抓改革开放,一手抓惩治腐败"[4]。"这两只手都要硬。"[5] 他指出:"经济建设这一手我们搞得相当有成绩,形势喜人,这是我们国家的成功。但风气如果坏下去,经济搞成功又有什么意义?会在另一方面变质,反过来影响整个经济变质,发展下去会形成贪污、盗窃、贿赂横行的世界。"所以,要"打击各种犯罪活动,扫除各种丑恶现象,手软不得"。[6]

---

[1]《邓小平文选》第三卷,人民出版社 1993 年版,第 378 页。

[2] 同[1],第 154 页。

[3] 同[1]。

[4] 同[1],第 314 页。

[5] 同[1]。

[6] 同[1],第 154、378 页。

第三，小康社会是共同富裕、保持稳定的社会。 邓小平说："我们社会主义制度是以公有制为基础的，是共同富裕，那时候我们叫小康社会，是人民生活普遍提高的小康社会。"① 他多次强调："我们搞的四个现代化，是社会主义的四个现代化。只有社会主义，才能有凝聚力，才能解决大家的困难，才能避免两极分化，逐步实现共同富裕。如果中国只有 1000 万人富裕了，10 亿多人还是贫困的，那怎么能解决稳定问题？我们是允许存在差别的。像过去那样搞平均主义，也发展不了经济。但是，经济发展到一定程度，必须搞共同富裕。我们要的是共同富裕，这样社会就稳定了。社会稳定，才能发展经济。"② "如果搞两极分化，情况就不同了，民族矛盾、区域间矛盾、阶级矛盾都会发展，相应地中央和地方的矛盾也会发展，就可能出乱子。"③ "社会主义的本质，是解放生产力，发展生产力，消灭剥削，消除两极分化，最终达到共同富裕。"④ 为了实现共同富裕，在区域发展上邓小平提出了沿海地区和内地共同发展、相互促进的两个大局的战略构想。他说："我们的发展规划，第一步，让沿海地区先发展；第二步，沿海地区帮助内地发展，达到共同富裕。"⑤ "沿海地区要加快对外开放，使这个拥有两亿人口的广大地带较快地先发展起来，从而带动内地更好地发展，这是一个事关大局的问题。内地要顾全这个大局。反过来，发展到一定的时候，又要求沿海拿出更多

---

① 《邓小平文选》第三卷，人民出版社 1993 年版，第 216 页。

② 《邓小平年谱（1975—1997）》（下），中央文献出版社 2004 年版，第 1312 页。

③ 同①，第 364 页。

④ 同①，第 373 页。

⑤ 同②，第 1253 页。

力量来帮助内地发展，这也是个大局。那时沿海也要服从这个大局。"①他还从社会稳定的角度来考虑这个问题，指出："现在，沿海地区先发展起来了，发展到一定程度，就要注意内地的发展，否则社会稳定不了。中国情况是非常特殊的，即使51%的人先富裕起来了，还有49%，也就是6亿多人仍处于贫困之中，也不会有稳定。"②1992年邓小平在南方谈话中对解决这个问题做出了时间上的安排，提出："可以设想，在本世纪末达到小康水平的时候，就要突出地提出和解决这个问题。"③他认为，在20世纪末我国经济发展的第二步战略目标实现后，东部沿海发达地区的经济实力将更为强大，整个国家的经济基础将更加雄厚，从而也就具备了大力度帮助、支持内地发展的条件。因此，他满怀信心地说："就全国范围来说，我们一定能够逐步顺利解决沿海同内地贫富差距的问题。"④

最终实现全社会整体的共同富裕是一个长期的历史过程，但共同发展、逐步向共同富裕过渡却是从20世纪末就应该开始做的。"12亿人口怎样实现富裕，富裕起来以后财富怎样分配"，这是邓小平晚年思考最多的一个大问题。⑤他提醒："我们讲要防止两极分化，实际上两极分化自然出现。""少部分人获得那么多财富，大多数人没有，这样发展下去总有一天会出问题。分配不公，会导致两极分化，到一定时候问题就会出来。这个问题要解

---

① 《邓小平文选》第三卷，人民出版社1993年版，第277—278页。
② 《邓小平年谱（1975—1997）》（下），中央文献出版社2004年版，第1312页。
③ 同①，第374页。
④ 同①，第374页。
⑤ 同②，第1364页。

决。过去我们讲先发展起来。现在看，发展起来以后的问题不比不发展时少。""要利用各种手段、各种方法、各种方案来解决这些问题。"①

在完成了前两步战略目标，达到总体小康以后，第三步应该怎么走？邓小平并没有设计出具体的步骤，但他告诫后来人："第三步比前两步要困难得多"，"我们还需要五六十年的艰苦努力"，"相信我们现在的娃娃会完成这个任务"。②1989年6月，他郑重地向党的第三代中央领导集体建议，"组织一个班子，研究下一个世纪前50年的发展战略和规划"。③

小康社会建设跨世纪的发展

20世纪末，我国基本上实现小康社会，实现了"三步走"战略设想的第二步战略目标。但是，我们党没有急于部署将第三步即到21世纪中叶基本实现现代化的目标作为直接的发展目标，而是作出了一个新的战略安排。2002年11月，党的十六大宣布，"当人类社会跨入二十一世纪的时候，我国进入全面建设小康社会、加快推进社会主义现代化的新的发展阶段"，并明确提出"要在本世纪头二十年，集中力量，全面建设惠及十几亿人口的更高水平的小康社会"的奋斗目标。

全面建设小康社会的奋斗目标和发展阶段，是根据我国现代化建设的客观进程和经济社会发展阶段性变化的实际情况确定

---

① 《邓小平年谱（1975—1997）》（下），中央文献出版社2004年版，第1364页。
② 《邓小平文选》第三卷，人民出版社1993年版，第226—227页。
③ 同②，第312页。

的。到20世纪末，经过20多年的改革和发展，中国经济社会发生了深刻的历史性变化。国民经济持续快速增长，国家经济实力显著增强，人民生活总体上跨入小康水平，千百年来困扰人民的温饱问题得到根本解决，世世代代小康生活梦想终成现实。但是，我国社会发展阶段整体还处在社会主义初级阶段，经济社会发生的变化还是整个社会主义初级阶段的阶段性变化。特别是，人民生活总体上达到的小康水平，还是低水平的小康和不全面、发展很不平衡的小康。在这样一个基础上，要在21世纪中叶基本实现现代化的第三步目标，还需要经过分阶段、长时间的努力。全面建设小康社会，是我国社会主义现代化建设进程中一个承上启下的、不可逾越的发展阶段，必须经过这个阶段，在更高的起点上逐步实现第三步战略目标。

党的十六大从经济、政治、文化等各方面提出了全面建设小康社会的基本目标，而且明确提出了这样一些纲领性要求。即全面建设小康社会的首要任务是发展经济；全面建设小康社会要继续高扬改革开放的旗帜；全面建设小康社会要在经济发展基础上实现社会的全面进步；全面建设小康社会的出发点和最终落脚点，是提高全国人民的生活水平和质量。根据这些要求，2003年10月，党的十六届三中全会作出《中共中央关于完善社会主义市场经济体制若干问题的决定》，提出大力发展国有资本、集体资本和非公有资本等参股的混合所有制企业，这对于推动社会主义市场经济的发展产生了重要作用。2006年10月，党的十六届六中全会作出《中共中央关于构建社会主义和谐社会若干重大问题的决定》，提出按照民主法治、公平正义、诚信友爱、充满活力、安定有序、人与自然和谐相处的总要求，构建社会主义和谐社会。这一社会发展目标的提出，使中国特色社会主义总体布局增加了"社会建设"这个重要方面，对推动经济社会协调发展产生了深远的影响。十六大之后，党中央还提出了建设社会主义新农村的发展战略，并进一步深入实施西部大开发战略，推动了城乡经济社会统筹发展和区域协调发展。

从不断变化的实际情况出发，对经济社会发展的目标、计划等不断地进行充实和完善，是我们党领导社会主义建设的一个重要经验。2007年10月党的十七大，依据我国经济发展中出现的新情况、社会转型出现的新特征以及国际环境发生的新变化，对全面建设小康社会提出了新的更高的目标及要求，从而构成了全面建设小康社会的基本目标体系。这个目标体系针对经济社会发展中的实际问题，突出了这样几个方面：一是针对我国经济发展中存在的速度和效益不平衡的问题，提出要努力实现经济又快又好发展；二是顺应人民政治参与的新期待，强调要扩大社会主义民主，更好地保障人民权益和社会公平正义；三是为了增强国家文化软实力，强调要加强文化建设，明显提高全民族文明素质；四是为了改变经济与社会发展不协调的状况，强调要加强推进以民主为重点的社会建设；五是为保护生态环境，提出建设生态文明。党的十七大之后，在应对国际金融危机和汶川大地震等严重困难挑战的情况下，党中央按照全面建设小康社会的新的目标要求，采取一系列措施，实施扩大内需战略，坚持走中国特色新型工业化道路，推进节能减排和生态环境保护，实施区域发展整体战略，积极稳妥推进新型城镇化，加快了经济发展方式的转变。同时，不断深化重点领域的改革，包括加大央企兼并重组力度，做强做优国有企业，并积极鼓励和引导非公经济发展；加大对农业的财政投入，对种田农民实行各种补贴；等等。在社会建设方面，采取相关措施，努力解决学有所教、劳有所得、病有所医、老有所养、住有所居等人民群众最直接、最现实的问题。

在党的十六大、十七大精神的指引下，全面建设小康社会不断迈出坚实的步伐，我国经济社会发展特别是综合国力、国际竞争力都迈上了新的台阶。

"四个全面"战略布局与邓小平现代化发展战略思想

全面建成小康社会、全面深化改革、全面依法治国、全面从严治党"四个全面"战略布局，是新形势下党和国家工作的战略布局，是推进中国社会主义现代化建设和民族复兴大业的战略布局和战略思想。对"四个全面"战略布局的研究，可以有各种不同的角度，运用各种不同的方法。但是，最重要的还是要把"四个全面"战略布局放在坚持和发展中国特色社会主义理论与实践的大背景下，放在近代以来中国现代化发展和民族复兴的历史进程中，从理论与实践、现实与历史的结合上，进行深入考察与研究。探讨"四个全面"战略布局与邓小平现代化发展战略思想的关系，有助于我们更好地理解"四个全面"战略布局的理论渊源、科学内涵和深远意义。

深入研究中国共产党关于中国现代化发展战略思想的历史传承关系

进入改革开放和社会主义现代化建设新时期以后,对马克思主义中国化两大理论成果之间的关系问题,思想理论界取得一个很重要的共识,这就是,中国特色社会主义理论体系与毛泽东思想是一脉相承的。但这"一脉"指什么,却有不同的看法。有一种观点认为,"一脉"只是指马克思主义的基本立场和基本原理等,并不包括关于革命、建设和改革的具体思想、观点和理论主张。这无疑是将马克思主义空洞化了。马克思主义的基本立场和基本原理不是孤立地存在,而总是同具体的思想、观点和理论主张紧密地联系在一起的。因此,我们说中国特色社会主义理论体系与毛泽东思想一脉相承,不仅包括基本立场、基本原理一脉相承,还包括关于革命、建设和改革的一系列正确的思想、观点和主张一脉相承。

认准道路,一脉相承,承前启后,接力相传,是中国共产党人宝贵的思想品格,鲜明地体现在改革开放和社会主义现代化建设新时期党的理论创新和实际工作中。习近平总书记指出:"坚持和发展中国特色社会主义是一篇大文章,邓小平同志为它确定了基本思路和基本原则,以江泽民同志为核心的党的第三代中央领导集体、以胡锦涛同志为总书记的党中央在这篇大文章上都写下了精彩的篇章。现在,我们这一代共产党人的任务,就是继续把这篇大文章写下去。"① 这一重要论述,形象地揭示了党的十八

---

① 《习近平著作选读》第一卷,人民出版社2023年版,第80页。

大以来党的理论创新和全部工作，与几代共产党人接力推进的中国特色社会主义一脉相承的关系。"四个全面"战略布局，就是继续沿着中国特色社会主义道路，围绕坚持和发展中国特色社会主义这一主题提出并逐步形成的。我们从思想史的角度考察"四个全面"战略布局，会非常明显地看到，它从基本思想、基本原则、基本观点到语言逻辑，都是对已形成的中国特色社会主义道路、理论和制度成果的继承和发展。

拿第一个"全面"——"全面建成小康社会"的战略目标来说，在中国共产党登上历史舞台之前，没有人对中国现代化和民族复兴提出过明确而切实的发展目标和发展战略。毛泽东创立新民主主义理论，指出中国现代化的根本途径是工业化，变农业国为工业国，使中国现代化由空想变为现实。新中国成立后，1954年，毛泽东、周恩来提出"四个现代化"，并提出到20世纪末把中国建设成为社会主义现代化强国的目标。由于后来党的指导思想陷入"左"的错误，到20世纪70年代中后期，虽然社会主义建设取得了很大的成就，建立起了比较完整的工业体系和国民经济体系，但是经济基础薄弱，比例严重失调，特别是人民生活未得到很大改善等问题突出地暴露出来。邓小平清楚地看到，到20世纪末实现国际标准的现代化是做不到的，因此在1979年提出了"中国式的现代化"亦即现代化的"中国标准"，这就是小康标准、小康目标。按照邓小平的这一设计，我国在20世纪末基本实现了小康，实现了中国标准的阶段性现代化目标。

在提出小康目标、小康社会的过程中，邓小平又作出了"三步走"的战略设计，使中国现代化建设和民族复兴大业第一次有了明确而切实的发展目标、发展战略和时间表。"三步走"的设计中，关键是第二步"小康"，这是中国现代化发展承前启后的一个战略阶段。进入 21 世纪之后，党的十六大继承发展邓小平的小康社会设计，提出全面建设小康社会的目标；十七大进而明确提出全面建设小康社会是党和国家到 2020 年的奋斗目标，并在十六大提出的要求的基础上提出了新的更高的要求；到十八大，根据国内外形势新变化，又对小康社会目标进行了充实和完善，提出了更加顺应人民意愿的全面建成小康社会的新要求。十八大后不久，习近平总书记指出：十八大提出的目标要求，"与党的十六大提出的全面建设小康社会奋斗目标和党的十七大提出的实现全面建设小康社会奋斗目标新要求相衔接，也与中国特色社会主义事业总体布局相一致"。这一重要论述十分明确地揭示了"小康和小康社会"这一战略目标一脉相承的历史传承关系。

邓小平关于中国现代化发展战略思想及其历史地位

作为新的历史条件下党和国家工作的战略布局，"四个全面"战略布局与邓小平的现代化发展战略思想有着内在的紧密联系。因此，要深入把握"四个全面"战略布局，还需要深化邓小平现代化发展战略思想的研究。

邓小平作为中国社会主义改革开放和现代化建设的总设计师、中国特色社会主义道路的开创者，为中国特色社会主义确定了基本思路和基本原则。邓小平确定的基本思路和基本原则，就包括经济建设、经济体制和政治体制改革、两个文明建设、社会主义民主法制建设、军队和国防建设以及党的建设等各方面的中国现代化发展的基本设计和基本发展战略。这些基本思路和基本原则，是中国特色社会主义理论与实践的本源，是在坚持和发展中国特色社会主义的历史进程中必须始终坚持的。而且，历史条件和形势的不断发展变化，还会不断地赋予其新的内涵。因此，我们要结合新的实践，不断地进行深入的研究。比如，小康社会和"三步走"的发展战略，这是一个事关中华民族复兴大业的大战略。邓小平对"三步走"的前两步有过很具体的设计，而且也付诸了实施；他虽然对第三步还来不及作具体的设计，但是提出了明确的目标和一些大的思路。比如，一方面，他在作为政治交代的南方谈话中，不仅重申了第三步战略目标，而且指出："抓住时机，发展自己，关键是发展经济"，"总要力争隔几年上一个台阶"，"在今后的现代化建设长过程中，出现若干个发展速度比较快、效益比较好的阶段，是必要的"。[1]另一方面，他又在各种不同的场合提出要重视解决发展起来以后出现的问题，特别是要解决好收入分配差距过大和社会公平等问题。

毋庸讳言，我们之所以要继续深化邓小平现代化发展战略思想的研究，还有一个因素是，由于各种原因，特别是受历史虚无主义错误思潮的影响，社会上出现了一些误读、误解邓小平甚至质疑邓小平有关重要思想主张的言论。比较有代表性的错误言论是，有人认为邓小平在改革开放之初提出允许一部分地区和一部分人先富起来，导致了今天社会的贫富不均。这实在是一种误读和误解。让全体人民群众摆脱贫困，实现社会共同富裕，是邓小平决策改革开放的初衷。在改革开放之初，他之所以提出允许一部分人和一部分地区先富起来，是希望找到改革开放的突破

---

[1]《邓小平文选》第三卷，人民出版社1993年版，第375、377页。

口,在一些地方先行先试,做出改革致富的榜样,再带动更多的地区和群众一起改革致富。这是一个很简单的道理。在改革发展过程中,邓小平非常重视已经出现的地区发展不平衡和社会成员贫富差距拉大的问题。他甚至把话说到这个程度:"社会主义的目的就是要全国人民共同富裕,不是两极分化。如果我们的政策导致两极分化,我们就失败了。"① 发展的问题解决起来难,发展以后出现的问题解决起来更难、更复杂。再伟大再有智慧的人,都不可能回答和解决他预见到或没有预见到的所有问题。我们不能苛求于前人,我们有责任更深入更好地阐释、研究邓小平的思想和理论,回答和澄清各种误读和误解,维护邓小平理论的历史地位。

"四个全面"战略布局对坚持和发展中国特色社会主义、实现"两个一百年"奋斗目标的重要意义及其理论特点

"四个全面"战略布局确定了新形势下党和国家各项工作的战略目标和战略举措,成为实现"两个一百年"奋斗目标,实现中华民族伟大复兴的理论指导和实践指南;"四个全面"战略布局,是中国共产党在新的历史条件下治国理政的基本方略,为党和国家事业的发展提供了全局性、长期性的保障。

从思想史的角度讲,"四个全面"战略布局在坚持和发展中国特色社会主义的历史进程中,在马克思主义中国化的历史进程

---

① 《邓小平文选》第三卷,人民出版社1993年版,第110—111页。

中，是一个承前启后的新的重大思想理论成果。"四个全面"战略布局立足中国实际、总结中国经验、进一步拓宽了中国现代化建设的道路，进一步回答了怎样实现民族复兴的基本问题。"四个全面"战略布局更加具有明确的目标导向，既立足于当前中国发展的实际，也适应未来中国发展的新趋势，完整勾画了我国社会主义现代化强国建设的时间表、路线图。"四个全面"战略布局更加针对发展中出现的难题，更好地顺应了人民的意愿和期待。"四个全面"战略布局，既体现了更加明确的治国理政的理念，又体现了更加明确的国家发展的理念。发展起来之后出现的问题解决起来更难，但再难也要解决。怎么解决？只能通过全面深化改革来解决，通过全面依法治国来解决，通过全面从严治党来解决。党治国理政最崇高无上的境界，是顺应人民的意愿和期待，把人民群众的根本利益维护好、实现好、发展好。"四个全面"战略布局更加凸显了这一境界追求。

邓小平与党的十一届三中全会前后的思想解放

1978年12月,正是挟冬带春的时节,中国共产党第十一届三中全会召开。大会的那些具有伟大历史意义的镜头,已深深地镶嵌在中国人民的心里。

党的十一届三中全会已被历史定论为"建国以来党的历史上具有深远意义的伟大转折"。今天,回头想一想这一历史转折为什么能实现、这一历史转折是怎样实现并继续发展的很有意义。

历史转折的思想前导

党的十一届三中全会是在"文化大革命"结束后两年召开的。这两年被称为"两年徘徊时期"。

从新中国成立到1956年党的八大召开,党和新中国的事业凯歌行进,至今让人振奋自豪。但是,从50年代后期开始,党的指导思想逐渐陷入"左"的错误,使我国社会主义事业走了很大一段弯路,遭受了严重损失,到"文化大革命"十年,出现了严重的危机。这一过程中,中国共产党做了许多纠正错误的工作,但由于没有能够从指导思想上加以根本的纠正,往往是纠正一点,又继续犯一点,再纠正一点,再继续犯一点。这样一种滚动的结果,只能使错误越来越严重。

1976年"四人帮"被粉碎,为从根本上纠正"左"的错误、矫正中国社会发展的方向提供了契机。但是,历史上形成的唯心主义、形而上学、教条主义的思想障碍,仍然横亘在人们面前。集中表现是,当时党中央的主要领导人提出"两个凡是"的方针,实质上是要将"左"的错误理论和路线坚持下去。历史又出现了一个新的"徘徊"。克服思想障碍,结束"徘徊",成为党彻底纠正"左"倾错误,重新回到马克思主义的正确路线上来的严峻问题。

很显然,克服思想障碍的主要突破口,是解决以什么态度对待毛泽东的言论和毛泽东思想,以什么作为标准检验毛泽东的言论和毛泽东思想的问题。毛泽东是伟大的马克思主义者,是中国共产党、中国人民解放军和新中国的主要缔造者和领导人。他创立的毛泽东思想成为党领导人民进行革命和建设的指导思想。新中国成立后,他以在长期的革命斗争中锤炼出来的政治智慧和勇毅,领导党开创了社会主义事业,并取得了巨大成就。但是,他晚年在理论与实践上的错误,又是党50年代后期以后逐渐发展成严重的"左"的错误的主要根源。林彪、"四人帮"两个反革命集团正是利用他的权威和他的言论的巨大感召力,大搞形而上学,制造个人迷信,煽动极左思潮。坚持"两个凡是"的人同这两个反革命集团性质不一样,但是没有能够同他们剪断思想的脐带。"两个凡是"实际上是否认毛泽东晚年的错误,这也就否认了50年代后期直至"文化大革命"党的指导思想上的严重的"左"的错误,从而形成了新的教条主义的禁锢,极大地阻遏了全党认识和纠正过去的并仍在继续的错误。此时面对严酷的历史和现实,如果不能突破这一禁锢,就不可能把毛泽东思想同他晚年的错误区分开来,恢复毛泽东思想的本来面目,而只能使作为科学思想体系的毛泽东思想仍然置于被割裂歪曲、被庸俗化的境地;这样,也就不可能使党的指导思想重新回到马克思主义正确路线上来,使党和国家的工作摆脱错误的轨道回到正确的轨道上来。

在这个关乎党和国家前途命运的时候,邓小平首先站出来了。他批评"两个凡是"不符合马克思主义,提出要用准确的完整的毛泽东思想指导党和国家的工作,提出不能不顾具体条件地照搬毛泽东的言论。党内有识之士也应时提出以什么作为标准检验真理的问题。邓小平、胡耀邦及其他老一辈革命家发动、支持、推动一场被坚持"两个凡是"的人认为是"非毛化"的关于检验真理标准问题的大讨论。邓小平反对"两个凡是"的一系列言论和真理标准问题大讨论,实际上已经严肃地提出了要全面正确地评价毛泽东,把他晚年的错误同毛泽东思想区别开来的问题,从而为三中全会的历史转折提供了思想前导。三中全会在充分肯定毛泽东伟大功绩的同时,明确指出毛泽东有缺点、错误,这已经是解放思想的一个莫大成果。而正因为有了这一思想上的重大突破,才可能有三中全会的历史转折和后来的全面拨乱反正。

到1981年党的十一届六中全会,在对毛泽东同志的评价问题上,全党已有了共同的认识,顺利通过《关于建国以来党的若干历史问题的决议》,系统清理了党的指导思想上的"左"的错误及其根源,彻底否定了"文化大革命";对毛泽东的历史地位和毛泽东思想的指导地位作出了全面的科学的评价,指出毛泽东的功绩是第一位的,错误是第二位的,同时把毛泽东晚年的错误同作为科学思想体系的毛泽东思想作出了科学的区分,从而彻底实现了党的指导思想的拨乱反正。与此同时,按照十一届三中全会提出的路线和思路,改革在农村蓬蓬勃勃开展起来,社会主义事业在广阔的田野上勃发出新的生机与希望。到这个时候,反对"两个凡是"、发动真理标准问题讨论对于十一届三中全会历史转折的思想前导作用,更进一步显现出来了。

实践证明,从批评"两个凡是"到作出《关于建国以来党的若干历史问题的决议》,对毛泽东晚年错误的批评,并没有损害毛泽东的历史地位和毛泽东思想作为党的指导思想的科学性,而是帮助人们正确全面地认识了毛泽东在中国革命和社会主义建设事业中的伟大作用,更好地认识和掌握了毛泽东思想的科学体系,为党和人民坚持与发展毛泽东思想,产生了极大的推动作用。

历史转折关键在思想转变

党的十一届三中全会是以纠正过去的错误,确定将党的工作重点转移到现代化建设上来,决定实行改革开放的方针、政策而实现历史转折的。这一转折的关键在于思想的转变。正如当时邓小平所指出的:"只有思想解放了,我们才能正确地以马列主义、毛泽东思想为指导,解决过去的遗留问题,解决新出现的一系列问题,正确地改革同生产力迅速发展不相适应的生产关系和上层建筑,根据我国的实际情况,确定实现四个现代化的具体道路、方针、方法和措施。"①

天时人事日相催。党的十一届三中全会召开前的思想解放运动，可以说还是务虚。到了十一届三中全会，就要务实了，要解决具体问题了。这些具体问题，也就是邓小平上述这段话中指出的三个方面的问题：一是历史遗留的问题，二是新出现的问题，三是确立正确的关于改革的路线和方针政策的问题。

在当时党中央的主要领导人没有变更，党内政治生活仍保持很大的习惯势力，党的积极有效的制度和规定还没有恢复、建立的情况下，解决这三方面中任何一方面的问题，关键都在于思想的转变和突破，即靠自觉地运用实事求是、从实际出发这一马克思主义的最基本的原则，去开启人们的思想闸门。

历史遗留的问题方面，十一届三中全会纠正了一批过去产生的冤假错案，如所谓薄一波等叛徒集团案，所谓陶铸叛徒案，所谓彭德怀反革命集团案；特别是推翻了所谓1975年邓小平"右倾翻案风"的错误结论，重新认定所谓"天安门反革命事件"是人民群众的革命行动。这些问题不是一般的冤狱诉讼，而是牵动着全国人民情绪的重大政治问题。这些重大冤案大都是历史上特别是"文化大革命"中形成的"铁案"，大都是党的重要会议决定的。当时，"文化大革命"还没有明确被否定，对毛泽东晚年的错误还没有作出明确的结论，要把颠倒了的历史重新颠倒过来，关键在于思想上的突破，在于实事求是地分清历史的是是非非。如果没有思想上的突破，只囿于原有的未改变的结论和长期形成的僵化的党内政治生活，就不可能做到。关于"文化大革

---

① 《邓小平文选》第二卷，人民出版社1994年版，第141页。

命"的评价也是这样。十一届三中全会没有作出十分明确的结论,但是,通过对上述遗留问题的处理和提出与"文化大革命"的错误路线完全对立的新的政治路线、思想路线、组织路线,实际上已在很大程度上给予了否定。尽管没有急于作出彻底否定的结论,但由于已有了思想上的转变和突破,从理论上、实践上彻底否定"文化大革命"已是迟早的事情了。

党的十一届三中全会是两年徘徊时期思想解放运动发展的必然结果,又是对这一时期思想解放运动成果的深化,并把它体现在了重新确立的指导思想和路线、方针、政策当中。从总的来看,用邓小平的话说,十一届三中全会确立党的工作重点的转移和关于改革的路线、方针、政策,还是在不少人的思想处于"僵化或半僵化"的状态下进行的。

长时期的"左"的错误,使党和国家创痛深巨,但是悲剧还在于由于长时间的思想禁锢,很多人还认识不到错在哪里,错误的根源是什么?人们已习惯了离开发展生产力的实际抽象地谈论社会主义,把许多束缚生产力发展的不是社会主义的东西,当作社会主义原则固守;而把许多有利于生产力发展的属于社会主义初级阶段范畴的东西,当作资本主义加以摒弃和反对。直到在为十一届三中全会召开作准备的中央工作会议上,还有人并不认为农业生产上的严重问题主要是人民公社的体制造成的,并提出"我国农村人民公社——不论过去、现在和将来都具有巨大意义"。

历史转折的艰难也在于思想的转变。不把解放思想提到党和国家存亡的高度是不行了!邓小平深刻地看到了这一点,他在这一次中央工作会议上作了《解放思想,实事求是,团结一致向前看》的讲话,后来被称为新时期解放思想的第一个宣言书。他在讲话中指出:"解放思想是当前的一个重大政治问题","一个党,一个国家,一个民族,如果一切从本本出发,思想僵化,迷信盛行,那它就不能前进,它的生机就停止了,就要亡党亡国"。① 只要不是带"花岗岩头脑"的人,都会感到振聋发聩!喷发的岩浆,凝练成了"流淌的醴泉"。党的十一届三中全会提出:把全党工作重心和全国人民的注意力转移到社会主义现代化建设上来;要大幅度地提高生产力,改变同生产力发展不相适应的生产关系和上层建筑,以及一切管理方式等;对经济管理体制和经营管理方法着手认真改革;要积极发展同世界各国平等互利的经济合作,努力采用世界先进技术和先进设备及改革经济管理体制的一系列具体措施。邓小平在会上还提出了允许一部分地区、一部分企业、一部分工人农民,通过辛勤努力先富起来的大政策。这些思想和政策,为新时期的改革开放和现代化建设勾画了一个大的思路。

说党的十一届三中全会是一次历史转折,最根本的是它终于解决了把全党工作重心转移到社会主义现代化建设上来这样一个历史课题。中国共产党为解决这样一个历史课题经历了一个长时间的艰难曲折的过程。这个过程是实践的过程,更是思想转变的过程。

党在新中国成立前夕,就已经开始考虑党的工作重心转移的问题。1949年6月毛泽东致信张澜说:"今后工作重心在于建设,亟盼各方友好共同致力。"② 新中国成立伊始,毛泽东即提出了"三年准备,十年建设"的思想。在国民经济恢复过程中,党提

---

① 《邓小平年谱(1975—1997)》(上),中央文献出版社2004年版,第450页。
② 《毛泽东书信选集》,中央文献出版社1984年版,第323页。

出的过渡时期的总路线，把"一化"同"三改"结合起来，实行社会主义改造与社会主义建设同时并举。到 1956 年，顺利地完成了所有制的社会主义改造，国民经济第一个五年计划也胜利完成。这时，党中央和毛泽东花很大的精力思考借鉴苏联的经验，探索适合中国自己实际情况的社会主义建设道路。毛泽东《论十大关系》的思想和党的八大提出的路线，是这一探索成果的集中体现。八大政治报告科学分析了国内社会的主要矛盾，已经是"人民对于建立先进的工业国的要求同落后的农业国的现实之间的矛盾""人民对于经济文化迅速发展的需要同当前经济文化不能满足人民需要的状况之间的矛盾"。指出："党和全国人民的当前的主要任务，就是要集中力量来解决这个矛盾。"这表明，党在这一根本问题上已经实现了思想的转变。然而，由于历史条件的复杂性，可以说这一转变是不彻底的，全党没有能够从社会主义的本质和根本任务的高度上来认识这一问题，党没有能够下定"横下心来，除了爆发大规模战争外，就要始终如一地、贯彻始终地"搞经济建设的决心。到了 1957 年反右斗争严重扩大化以后，毛泽东对国内阶级斗争形势的判断陷入严重失误，从而在党的工作重心问题上表现出矛盾和迟疑，一方面强调阶级斗争，另一方面又指出要把党的工作重心放到技术革命上。到了 1958 年 5 月八大二次会议，毛泽东强调阶级斗争的思想占了主导地位，正式改变了党的八大的正确结论，提出"两个阶级""两条路线"的斗争，"始终是我国内部的主要矛盾"。这之后，党的注意力偏离经济建设这个中心越来越远。1962 年 9 月，党的八届十中全会提出了所谓"两个阶级""两条路线"的斗争需要"年年讲""月月讲"的党的基本路线。1963 年 9 月，中央制定的《关于农村社会主义教育运动中一些具体政策的规定（草案）》明确提出"以阶级斗争为纲"的方针。到"文化大革命"时期，"阶级斗争"成为社会生活的主题，关于发展生产力的理论被作为"唯生产力论"遭到批判，经济建设同"阶级斗争"严重对立起来，党的思想和理论被严重搞乱了。

"文化大革命"后期，面对严峻的经济形势，毛泽东提出"抓革命，促生产"。1974年11月，毛泽东提出"把国民经济搞上去"。当时已恢复工作的邓小平以此为契机，领导全党进行全面整顿，实际上是开始纠正"文化大革命"的错误，但很快遭到"四人帮"的反扑。1976年邓小平被再次打倒，把党的工作重心转移到经济建设上来的努力被打断。1977年8月召开的党的十一大，虽然注意到了把国民经济搞上去的问题，但坚持"两个凡是"错误方针的党中央主要负责人，仍然提出要"抓纲治国"。直到1978年2月，他还说"加速实现社会主义的四个现代化建设，必须坚持以阶级斗争为纲"。党的历史经验证明，"以阶级斗争为纲"是不符合我国已经进入社会主义社会的实际情况的。"以阶级斗争为纲"与"以经济建设为中心"是两条根本不同的政治路线。因此，真正把党的工作重心转移到经济建设上来，关键在于抛弃"以阶级斗争为纲"，从思想上彻底摆脱这一迷误。在十一届三中全会以前的条件下，要明确否定"以阶级斗争为纲"是困难的，邓小平采取的办法是，大讲解放思想，实事求是；大讲发展生产力的必要性，这为全党的思想转变打下了基础。1978年下半年，在为12月召开中央工作会议准备的过程中，中央政治局经过认真讨论，决定抛弃"以阶级斗争为纲"的口号。十一届三中全会郑重提出，要把全党工作的重心和全国人民的注意力转移到社会主义现代化建设上来。

历史转折继续发展的思想条件

党的十一届三中全会历史转折的继续发展同它的实现一样，必不可少的一个思想条件，就是解放思想，实事求是。正如邓小平所说的"只有解放思想，坚持实事求是，一切从实际出发，理论联系实际，我们的社会主义现代化建设才能顺利进行，我们党的马列主义、毛泽东思想的理论也才能顺利发展"①。

邓小平这段话还揭示了十一届三中全会解放思想、实事求是两个方面的成果，即在实践上开辟了中国社会主义建设的新的道路，在理论上继承和发展马克思列宁主义、毛泽东思想，创立了建设有中国特色社会主义理论（党的十五大称为邓小平理论）。这也就是十一届三中全会历史转折的主要内容。三中全会历史转折的继续发展，就是指它开辟的新道路和创立的新理论的继续发展。

列宁说过，在革命和建设中，党和人民总是"在众目睽睽之下迈着试探性的步伐，摸索道路，确定任务，检验自己和自己的一切思想家的理论"②。四十多年的事实证明，改革开放和社会主义现代化建设实践和理论的每一步发展，不仅都是同党和人民"试探性的步伐""摸索道路""确定任务"及检验真理的实践行为联系在一起，而且是与党和人民不断解放思想、坚持实事求是的思想活动和思想方式联系在一起的。离开了解放思想、实事求是，就会出现犹疑、彷徨，进而导致行动上的迟滞。

---

① 《邓小平文选》第二卷，人民出版社1994年版，第143页。
② 《列宁全集》第九卷，人民出版社1987年版，第190页。

而且，随着实践和理论的发展，解放思想还需要不断推进。换一个方面说，新时期改革开放和社会主义现代化建设之所以能不断地推进，建设有中国特色的社会主义理论之所以能不断地丰富发展，主要的因素也就在于十一届三中全会恢复了党的解放思想、实事求是的完整的思想路线，并且成为邓小平理论的精髓，日益为党和人民所深入掌握。

从经济体制改革来说，总体上大致经历了三个层次（或可称三个步骤）。一是经营管理和方法上的改革，例如，农村实行家庭联产承包责任制，工厂实现奖勤罚懒等打破"大锅饭"体制的改革。这一步改革，解放思想的重点是突破长期形成的把农村"包产到户"当作走资本主义道路，把工厂奖勤罚懒等当作物质刺激的思想观念。二是经济体制上的改革，即由计划经济向市场经济转变。这一改革层次的难度大于第一个层次。例如，第一个层次的农村家庭联产承包责任制的改革，作为它的雏形的"包产到户"，在新中国成立后已尝试过几次，被"左"倾错误路线压下去了，但是在农村和农民中已留下深刻印记。改革开放和社会主义现代化建设新时期，这一改革在刚开始实行时，由于受传统思想观念的影响，虽然也出现了不少怀疑和反对的声音，但不久，随着其效果的显现就改变了。很多人特别是尝到了甜头的广大农民，已不是怀疑它搞得对不对，而是担心这个政策会不会变。第二个层次的改革的思想障碍在于，长期以来，在理论上人们以经济体制划分社会制度，把计划经济和单一的公有制视作社会主义根本特征，而把市场经济等同于资本主义；在实践上，长期的计划经济使许多人躺在计划上，不敢面对竞争和市场。这一层次的改革大致经历了有计划的商品经济—社会主义商品经济—

社会主义市场经济等发展形态（前两个形态在实践上是否已经完整地形成需要研究；不管怎么样，它们在当时的历史条件下，在理论上和实践上的意义是绝不可轻视的）。在这个过程中，思想解放的艰难是耐人寻味的。如果没有诸多的思想转变和突破，我国不说可能还停留在计划经济形态上，却很有可能还停留在有计划的商品经济形态上。

改革的第三个层次是所有制和分配制度的改革，这一层次的改革就更扣人心弦了。例如，把公有制为主体、多种所有制共同发展，确立为社会主义初级阶段的一项基本经济制度，提出公有制的实现形式多样化；把按劳分配与按生产要素分配结合起来，允许和鼓励资本、技术等生产要素参与分配；等等。完成这一层次的改革目标，非打破那些认为社会主义只能是全盘公有、国有是最好的公有、社会主义不能容纳多种所有制经济、按劳分配是社会主义唯一的分配原则、在按劳分配为主的条件下不能允许生产要素参与分配等思想观念不可。改革发展到这一步，一些所谓姓"公"姓"私"、姓"社"姓"资"的疑问更多了，如果不在社会主义的本质问题上解放思想，打破传统观念，人们就会被这些问题长期困扰下去，改革的脚步就会被这些东西所缠绕。即如邓小平在1980年所预言的："不解放思想不行，甚至于包括什么叫社会主义这个问题也要解放思想。"①

总之，党的十一届三中全会以后所有重大改革举措的决策和实施，都是坚持解放思想、实事求是的结果。

---

① 《邓小平文选》第二卷，人民出版社1994年版，第312页。

邓小平与全面经济体制改革局面的形成

1984年10月，党的十二届三中全会作出《中共中央关于经济体制改革的决定》，我国以城市为重点的全面经济体制改革局面形成。到1987年党的十四大召开时，全民所有制大中型企业普遍通过改革增强了活力，乡镇企业大发展，多种所有制经济兴起，城乡商品经济迅猛发展。在经济体制改革推动下，由北向南开放14个沿海港口城市，对外开放步伐加大。中国经济加速发展，国内生产总值年均增长达12%，国家经济实力和综合国力上了一个大台阶。同时，科技、教育等各方面的改革深入推进，中国特色社会主义的发展进入新的阶段。邓小平作为改革开放和社会主义现代化建设总设计师，对以城市为重点全面经济体制改革局面的形成起到了关键性的作用。主要表现在以下几个关键点上。

在雇工问题上的重大突破

允许雇工经营是城市和农村经济体制改革迈出的关键一步，

是对长时期形成的固化生产关系的一个重大突破，如果在这个问题上墨守成规，不敢越雷池一步，就不可能有多种经济成分，多种所有制经济的产生和发展。

在人们的传统思想观念中，毫无疑问雇工就是剥削。1980年9月，中央下发的《关于进一步加强和完善农业生产责任制的几个问题》还明确规定"不准雇工"。但这个时候，实际上已经出现了雇工。农村的一些专业户，为解决家庭人手不够问题，雇工帮助生产；在城市，知青大批回城，产生的大量个体工商户也雇工。1981年7月，国务院下发《国务院关于城镇非农业个体经济若干政策性规定》，对个体工商户雇工开了一个口子，允许他们请一两个帮手，还可以带不超过五个学徒。这个口子一开，雇工就控制不住了，怎么看的问题被突出地提了出来。

1982年1月，在昆明召开的全国农业生产责任制问题讨论会印发了一份调查报告，反映广东高要县农民陈志雄承包350亩鱼塘，雇工五人并雇佣大量零工的情况。会议认为这不是以个人劳动为基础的个体经营，而是以雇佣劳动为基础的大规模经营，其资本主义性质是明显的。

12月，有关部门印发研究人员的文章《到处出现雇工剥削引起的思考》。文章认为，雇工经营"确有可能重新造成两极分化""侵蚀着社会主义制度"。中央书记处开会讨论1983年的一号文件《当前农村经济政策的若干问题》稿时，有不少人赞成这一观点，甚至认为雇工违反宪法。邓小平说了一句话"听其自然，过两年再说"。陈云提出，这个问题还没有弄清楚，可以再看一看。1983年1月初中央下发一号文件，没有禁止雇工，但对雇工的形式和范围有明确限制，规定所允许的雇工为：农户之间的换工、帮工，合作经济组织请季节工、技术工，城市工商户和农村种养专业户请帮手、带徒弟，等等。

这个文件下发十天后，1月12日，邓小平在同胡耀邦等人的谈话中，对雇工问题表了态。他说，"一些地方搞了雇工，冲击不了社会主义"，"没有什么危险"。他还指出，要以"是否有助于人民的富裕幸福，是否有助于国家的兴旺发达，作为衡量做得对或不对的标准"①。

由于中央的文件对雇工的形式和范围有一定限制，再加上邓小平的表态，一段时间里，对雇工问题没有新的争论，但问题并没有解决。1983年10月开始进行整党，雇工问题又成为一个热点问题。11月中旬，中央书记处讨论1984年的一号文件《关于一九八四年农村工作的通知》稿，又涉及雇工问题。有人提出，农村商品经济有很大的发展，雇工应该再放宽一些。有人则认为，雇工就是占有剩余价值，就是剥削，这是一个原则问题。特别是党员雇工，应该明令禁止。会后，胡耀邦征求邓小平的意见，邓小平答复说：听其自然，看两年再说。②

根据邓小平的意见，1984年1月初中央发出一号文件，对雇工问题采取了谨慎的态度。提出：对雇工问题，各有关部门要认真调查研究，以便在条件成熟时进一步作出具体的政策规定。

这个过程中，还出现了安徽"傻子瓜子"事件。安徽芜湖无业者年广九从事瓜子炒卖经营，招牌取名"傻子瓜子"，不断扩大规模，增加雇工，被当成"投机倒把""搞剥削"，抓了又放，放了又抓。"傻子瓜子"事件，实际上是一个允不允许扩大雇工

---

① 《邓小平文选》第三卷，人民出版社1993年版，第23页。
② 《邓小平年谱（1975—1997）》（下），中央文献出版社2004年版，第948页。

的问题。邓小平关注到"傻子瓜子"事件，表态说，"像这个私营经济，是姓'社'还是姓'资'，不要匆忙地做决定，要看一看，放一放"。到1984年10月党的十二届三中全会作出《中共中央关于经济体制改革的决定》后，他到中顾委讲话，联系"傻子瓜子"事件讲了一段话。大意是：雇工问题不要担心，影响不到大局，不要动，一动，群众就说政策变了，人心不安了。让"傻子瓜子"雇工经营，伤害不了社会主义。①因为是在中顾委讲话，影响大，在雇工问题上起到了统一思想认识的作用。

邓小平讲看两年。到1987年4月，他在会见香港特别行政区基本法起草委员会第四次全体委员时，在谈话中特别提到雇工问题说，我们搞的是中国特色社会主义，可以允许雇工，并且指出社会主义条件下雇工经营与资本主义条件下雇工经营在性质上是不同的。他还强调，要从促进改革开放的大局看待雇工问题。②

邓小平这次谈话后，关于雇工问题最终有了结论。1987年10月召开的党的十三大指出：私营经济是存在雇佣劳动关系的成分，私营企业雇佣劳动力给企业主带来的非劳动收入"只要是合法的，就应当允许"。

提前部署以城市为重点的全面经济体制改革

1984年10月召开的党的十二届三中全会具有十分重要的意义，这次会议部署以城市为重点的全面经济体制改革，作出《中共中央关于经济体制改革的决定》。

---

① 《邓小平文选》第三卷，人民出版社1993年版，第91页。
② 《邓小平年谱（1975—1997）》（下），中央文献出版社2004年版，第1178页。

其实会议原定议题并不是全面经济体制改革,而是关于思想工作。对于全面的经济体制改革,1982年召开的党的十二大是这样部署的,即"六五"期间巩固和完善经济管理体制方面已经实行的初步政策,抓紧制定改革的总体方案和实施步骤,"七五"期间逐步展开经济管理体制的改革。也就是说原来并没有打算在"六五"期间搞全面经济体制改革。1984年初,中共中央书记处会议的安排,还是在下半年召开的党的十二届三中全会上做一个关于思想工作的决定。搞一个思想工作的决定,是中央在前一年9月提出的,而且当即就组织人员开始起草。

但是1983年、1984年形势发展很快,日益迫切地要求将部署和推动以城市为重点的全面经济体制改革提上议事日程。一是,农村改革的发展,要求加快城市改革的步伐。特别是农村商品生产蓬勃发展,需要通过城市经济体制改革疏通城乡流通渠道,为农副产品开辟市场。二是,与农村改革比较起来,城市改革明显滞后,现有经济体制的各种弊端日益凸显,阻碍城市经济的发展,更难以发挥城市在经济发展中的辐射作用。

邓小平一直在考虑将改革的重点由农村转向城市,进行以城市为重点的全面经济体制改革。但是,邓小平又深知城市改革比农村改革复杂得多,不能简单地套用农村改革的经验。1983年4月11日,他在会见美中贸易全国委员会副主席大卫·塔潘时说,农村责任制不能完全搬到工业,工业与农业不一样,这方面我们很谨慎。①

实际情况已不允许城市经济体制改革再等下去了。1983年4

---

① 《邓小平年谱(1975—1997)》(下),中央文献出版社2004年版,第901页。

月，国务院下发文件，开始实行利改税。利改税后，国营企业的问题更加集中地表现出来了。过去企业亏损了，可以靠减少上缴利润过日子，利改税后企业与国家的利益关系以税收的形式固定下来，企业必须自主承担经营责任，面临着来自市场和国家税收两方面的巨大压力。

1983年6月，中央召开工作会议，议题有城市改革问题。邓小平出席了这次会议。他在会上指出：企业管理，企业改造这个问题十分大。农村问题解决了，城市问题是什么？落后！他明确提出，要相应涉及工业和商业、流通领域的改革问题。这次会议提出：实行利改税后，"我国工业面临着一场严重的挑战，面临着一个如何提高素质的新的转变"，"不前进，就无法生存"。

会后，国务院根据邓小平的讲话精神，组织力量研究城市改革要解决的主要问题。8月，提出关于提高企业素质、计划、外贸、价格、劳动工资等城市改革的十个题目，随即又组织六个小组着手就这十个问题进行专题调研。1984年5月，国务院下发《关于进一步扩大国营工业企业自主权的暂行规定》之后，又出台了关于商业等方面的改革措施。这些改革措施出台，使城市改革的实际进程突破了党的十二大的原定安排，大大提前了。这样，制定一个部署和指导以城市为重点的全面经济体制改革的纲领性文件成为一件十分迫切的事情。

1984年3月底，中央书记处会议讨论关于思想工作的决定初稿，多数人都不满意，而且对这个决定稿能不能写好也没有把握。于是，中央书记处决定再组织一个班子，开始起草关于经济体制改革的决定。这样一来，就有两个起草小组在为党的十二届三中全会起草两个不同主题的文件。这就意味着，十二届三中全会的议题是关于加强思想工作，还是全面经济体制改革，还没有确定。

一直到 7 月 28 日，胡耀邦在北戴河向邓小平汇报十二届三中全会的议题问题。邓小平明确拍板，十二届三中全会只列两项议程，人事和经济体制改革，思想工作的决定不搞。

邓小平提出思想工作的决定暂不搞，是因为他考虑，经过开展反对资产阶级自由化和精神污染的斗争，思想战线的情况已经有了明显改观，思想工作应主要由有关部门制订计划长期做下去，由中央专门做一个决定不是特别紧迫，而最要紧的是要不失时机，把以城市为重点的全面经济体制改革提上日程。

邓小平拍板将全面经济体制改革作为党的十二届三中全会主题，意义非同一般。如果是将思想工作作为十二届三中全会的主题，按照这方面的惯例，不可能马上以全会决议的形式再搞一个关于经济体制改革的决定。这就是说，关于全面经济体制改革的决定要推迟一段时间才能搞。这必然耽误改革和社会主义现代化的进程。

推动企业实行厂长负责制

企业领导体制改革是企业改革很重要的一步，是城市经济体制改革很重要的一个环节。早在 1980 年邓小平就提出要实行厂长负责制，当时有关部门做了较广泛的调查后，了解到从上至下相当多的人还是主张维持党委领导下的厂长负责制不变。邓小平即打算"到时机成熟时再做决定"，但他一直在找时机推进这项改革。

1982 年发生了一场关于企业要有"明白人"当家的争论，对他有了新的思想启发。1982年7月，北京市经委副主任王大明在全国整顿企业工作座谈会发言说，北京市很多企业管理不善，效益很差，在很大程度上是由于领导干部文化、技术、业务水平低，特别是有些小厂还是"老大爷""老大妈"当家。要提高经济效益，不按"四化"要求，整顿好企业领导，企业领导班子里没有几个"明白人"是根本搞不好的。王大明的发言在会上引起了争论，来自各省、市、区有关部门的负责人大都赞成，但不少来自企业的负责人不认同。会议将王大明的发言整理登载在《情况反映》上报送中央。胡耀邦很快批示对王大明的发言表示肯定，并指出：吸收一大批拥护党的路线，有知识、有闯劲、年富力强的"明白人"参加企业领导班子，现在是下决心的时候了。《人民日报》报道了王大明的发言内容，并根据胡耀邦的批示写了编者按，产生了不同的反响，一些人赞成，一些人不赞成。

邓小平知道王大明的发言和争论情况后，在与姚依林、宋平等人的谈话中表态说，王大明讲得好，一个工厂有那么几个"明白人"，有专业特长的知识分子，工厂生产就翻上去了。邓小平肯定和赞同企业要选用"明白人"，是要为实行厂长负责制铺路搭桥，他认为实行厂长负责制的改革时机到了。

1983年，随着城市经济体制改革的发展，企业长期以来实行的党政职能不分的党委领导下的厂长负责制的弊端更加暴露出来。这一年全国人大常委会制定《国营工厂法》，邓小平以此为契机，下决心正式推行厂长负责制。他对主持制定《国营工厂法》的彭真讲：工业企业一定要实行厂长负责制，厂长负责制就是厂长负责制，不要戴任何帽子。

为了落实邓小平的意见，1984年1月至2月，彭真率调查组到上海和江浙就实行厂长负责制问题,做了专门的调查。回来后整理了一个《谈话要点》,对实行厂长负责制的重要性、迫切性做了分析。提出:实行厂长负责制,不是削弱党的领导,也不是原样恢复"一长制",而是要党、政、工三家搞好分工,各尽其责,共同完成厂矿的任务。4月间,胡耀邦主持中央书记处会议,听取《国营工厂法》的起草情况汇报,决定进行厂长负责制试点。

到1986年,经过两年多时间的试点和试行,实行厂长负责制的效果明显表现出来,全面铺开的条件成熟了。9月13日,邓小平在听取中央财经领导小组关于经济情况和体制改革情况汇报时,明确指出:不搞厂长负责制不行,要搞负责制,首先厂长要负起责任,要明确企业的第一把手是厂长。厂长负责制不要只是试点了。[①] 随即,中共中央、国务院颁发《全民所有制工业企业厂长工作条例》等文件,实行厂长负责制正式全面铺开。

企业领导体制改革是经济体制改革的中心环节,是构建社会主义市场经济微观主体的关键。实行厂长负责制,是在当时的情况下,企业领导体制的正确选择,对城市经济体制改革起到了非常重要的推动作用。但厂长负责制不是现代企业终极的领导体制,需要在实践中不断发展。邓小平因势利导,适时提出并推动实行厂长负责制的改革,为后来建立现代企业制度,过渡到社会主义市场经济条件下的公司董事会负责制创造了条件。

---

① 《邓小平年谱(1975—1997)》(下),中央文献出版社2004年版,第1137页。

确定社会主义经济是有计划的商品经济

认不认可社会主义经济是商品经济,关系到全面经济体制改革的目标的确定。对这个问题认识的统一,是在1984年起草党的十二届三中全会《中共中央关于经济体制改革的决定》(以下简称《决定》)的过程中完成的。在《决定》起草过程中,起草组内部也好,召开各方面的座谈会讨论也好,对社会主义经济的属性问题争执不一。一种意见认为是商品经济,主张直接使用"社会主义商品经济"的概念;另一种认为不是商品经济,最多只能说社会主义存在商品生产和商品交换。

这个问题从理论上突破是很难的,根深蒂固的传统观念使然。马克思、恩格斯设想的社会主义,商品生产将被取消,马克思说:"一旦社会占有了生产资料,商品生产就将被消除,而产品对生产者的统治也将随之消除。"[1]但后来的社会主义实践证明社会主义还取消不了商品生产。俄国在十月革命后一度实行新经济政策,实际上纠正了马克思的设想。列宁当时指出,社会主义国家与农民之间的经济关系只能是等价交换的商品关系,国民经济要在市场的环境中活动,农民要允许发展自由贸易,但他没有来得及在理论上明确回答社会主义与商品经济是什么关系的问题。后来斯大林承认社会主义存在商品生产,但他将商品生产限制在国营企业与集体经济、集体经济与集体经济之间,并且认为生产资料不是商品生产。20世纪50年代末,毛泽东在纠正"大跃进""左"倾错误的过程中提出:要利用商品生产、商品流通、价值法则为

---

[1]《马克思恩格斯全集》第二十六卷,人民出版社2014年版,第300页。

社会主义服务。中国的商品生产不是要消灭的问题，而是要大力发展。不应当害怕商品生产。但是，毛泽东也没有从社会主义经济的整体属性上来认识问题。所以，长期以来，在人们的思想观念中，是不可能把社会主义与商品经济联系在一起的。

邓小平首先打破了这一理论认识上的僵局。他早在1979年11月会见美国不列颠百科全书出版公司编委会副主席吉布尼等人时，就说过"市场经济不能说只是资本主义的"，"社会主义也可以搞市场经济"。① 由于当时这一思想观点还具有相当的敏感性，他没有让这个讲话向下传达。因此，之后出现了理论与实际相矛盾的情况。即一方面，在改革开放中已经出现商品经济的快速发展，另一方面，在理论上又不承认社会主义经济是商品经济。到1982年，党的十二大提出"计划经济为主，市场调节为辅"，从完全排斥市场到肯定市场的调节作用，终于有了突破。但这一认识基础，基本上还只是承认计划经济条件下存在商品生产和商品交换，而没有承认社会主义经济基本属性是商品经济。

党的十二大召开时，邓小平尽管提出了社会主义也可以搞市场经济的主张，但他对当时提"计划经济为主，市场调节为辅"仍是赞同的，因为他知道这是一个大问题，需要有一个探索过程，他自己也需要再深入思考。另外，当时进行的经济调整需要在相当大的程度上发挥计划的宏观调控作用，这时强调商品经济和市场肯定是不合适的。

到党的十二大以后，经济体制改革当中出现的一些问题，进一步推动和启发人们深入思考社会主义经济的基本属性问题。随

---

① 《邓小平文选》第二卷，人民出版社1994年版，第236页。

着农村改革的发展和城市经济体制改革的起步，商品经济发展的势头更加迅猛。特别是，1984年邓小平视察经济特区后，十四个沿海城市实行对外开放，所兴办企业的生产经营都市场化了。全国范围地区之间、企业之间横向的经济联系，都是在计划外运行。这些表明市场在许多方面、许多领域，已不再处于"辅助"地位了。

这个时候，党中央已经决定要召开十二届三中全会，就全面经济体制改革问题作一个决定。这个决定要对社会主义经济的基本属性有一个说法。

1984年上半年，中国社会科学院院长马洪就发展商品经济问题组织专题论证，写出了一个研究报告。提出："社会主义经济是在公有制基础上有计划的商品经济"，"承认社会主义经济的商品性，是实行对内搞活、对外开放方针的理论依据"。9月上旬，国务院给邓小平和胡耀邦等提出了一个报告，提出进一步落实全面经济体制改革需要研究确定的三个原则问题。其中第一个就是"计划经济模式问题"。报告指出：应当明确，社会主义经济是以公有制为基础的有计划的商品经济。这样既可以把中国的经济体制同资本主义的市场经济模式相区别，又不与苏联模式雷同。邓小平迅即批示："我赞成。这个文件可以发三中全会，连同经济体制改革的决定，一并讨论。"①

邓小平实际上为《决定》稿在社会主义经济是不是商品经济问题上定了调子。

党的十二届三中全会最后通过的《决定》稿，就有关内容作

---

① 房维中编：《在风浪中前进：中国发展与改革编年纪事（1977—1989）》（1984年卷），内部资料2004年印行，内部发行，第179页。

了重要修改，特别是将我国社会主义经济明确表述为"公有制基础上的有计划的商品经济"，并指出"商品经济的充分发展，是社会主义经济发展的不可逾越的阶段，是实现我国经济现代化的必要条件"。这一表述，虽然还带有明显的历史局限性，但明确否定了把计划经济与商品经济对立的观点，确认了社会主义经济的商品经济基本属性，为全面经济体制改革提供了强有力的理论依据，同时为后来确立社会主义市场经济体制改革的目标奠定了重要基础。

经济特区建设实践与
邓小平改革开放决策思想的发展

中国改革开放走过了四十多年，中国经济特区建设也走过了四十多年。邓小平是中国改革开放的总设计师，也是中国经济特区主要的倡导者、设计者。中国经济特区是在他的改革开放决策思想的指导下兴办、发展起来的，而中国经济特区建设的实践对他改革开放决策思想的进一步发展，又产生了重要的影响。邓小平关于改革开放的不少重要决策思想直接来源于中国经济特区建设的实践。对经济特区建设实践与邓小平改革开放决策思想发展的关系做一些分析、研究，不仅能帮助我们更好地认识经济特区创建和发展的历史意义，而且能够更好地认识邓小平理论及中国特色社会主义理论体系的实践品格。

以经济特区作为试验场"先行先试"，全面探索改革开放的途径和办法

20世纪70年代末中国开始进行改革开放，没有现成的经验

可搬，也不可能很快拿出一个统一的方案和办法。怎么推动改革开放起步？1978年12月13日，在为党的十一届三中全会做准备的中央工作会议上，邓小平的讲话不仅强调了改革开放的必要性、紧迫性，还提出了改革开放"先行先试"的办法，即"在全国的统一方案拿出来以前，可以先从局部做起，从一个地区、一个行业做起，逐步推开。中央各部门要允许和鼓励它们进行这种试验"①。

邓小平讲得非常清楚，改革开放从一个地区或者从一个行业先行先试。从什么行业先行先试？中国社会主义现代化建设在新的起点上铺开之后，最大的问题是缺乏资金、技术和现代经营管理经验。1979年1月，邓小平提出："现在搞建设，门路要多一点，可以利用外国的资金和技术，华侨、华裔也可以回来办工厂。吸收外资可以采取补偿贸易的方法，也可以搞合营，先选择资金周转快的行业做起。"②因此，补偿贸易、兴办中外合资企业和中外合作经营企业，成为中国改革开放初期对外开放的主要形式。邓小平提出从资金周转快的行业做起，这样，兴办中外合资企业和中外合作经营企业，便从汽车、旅游等行业先行先试起来。在很长时间内，汽车业、旅游业都是中国对外开放比较有广度、有深度的行业，为其他行业的对外开放提供了很多经验以供借鉴。

在中国这样一个人口众多、地域广阔的国家搞改革开放，更需要在一些地区综合性地先行先试。中国经济文化发展地区不平衡，各地条件差别很大，而改革开放需要具备一定的物质及人文条件。显然，改革开放不能在经济文化落后的地区先行先试，而

---

① 《邓小平文选》第二卷，人民出版社1994年版，第150页。

② 同①，第156页。

只能选择一些在各方面有优势的地方。广东、福建沿海一些地区，或者地接港澳，或者为侨乡，在对外开放方面具有得天独厚的条件。邓小平早在1977年11月视察广州时，就提出在广东宝安（后来改名为深圳）和福建的一些地方试办出口加工基地的设想。当时他提出试办出口加工基地，主要是为了解决外贸创汇问题。根据他的意见和中央有关安排，广东省委和国家有关部门组织调查论证后，于1979年4月提出在宝安、珠海等地划出一块地方兴办出口加工贸易区的具体方案。这个出口加工贸易区正式定一个什么名字呢？此时，党的十一届三中全会已经开过，改革开放的政策已经确定，按照邓小平等中央领导人的考虑和广东省及国家有关部门的设想，办这样的加工贸易区已不再是办简单的出口加工基地，而是在一个较大的区域先行先试较全面的改革开放。主管这方面工作的国务院副总理谷牧向邓小平汇报时说得很明确："广东有这样的思想，先走一步，划一个地方出来，搞改革开放，然后全面推开。"邓小平以抗日战争时期的陕甘宁边区也曾叫过特区作为例子，提出将其定名为"特区"。经济特区从诞生之日起，就被赋予了先行先试全面改革开放的综合性功能。

邓小平一直把经济特区作为改革开放的综合性试验场，直到1984年之后，他还经常讲建立经济特区的政策是正确的，经济特区还是一个试验。他讲的试验，当然不是单纯的对外开放的试验，而是对外开放与体制改革结合在一起的试验。邓小平甚至把经济特区作为有中国特色的社会主义的样板。在南方谈话中，他提出："广东二十年赶上亚洲'四小龙'，不仅经济要上去，社会秩序、社会风气也要搞好，两个文明建设都要超过他们，这才是有中国特色的社会主义。"①邓小平这里讲的广东,实际含义主要是指经济特区。中共中央和国务院在1980年确定兴办深圳等经济特区之前,已于1979年7月确定对广东和福建"两省对外经济活动实行特殊政策和灵活措施,给地方以更多的主动权,使之发挥优越条件,抓紧当前有利的国际形势,先走一步,把经济尽快搞上去"②。因此,人们往往把广东省视为大特区。邓小平在一些谈话中谈到经济特区时,也常常不讲几个经济特区的具体名字,而泛指广东。

一个行业先行先试,更多的还是在对外开放方面,而且大多是领域性的、单向性的,不涉及带根本性的体制改革问题。而一个地区先行先试,就不可能是单纯领域性的、单向性的对外开放,而必然涉及经济体制、行政管理体制改革方方面面的问题。正因为这样,经济特区的规划和发展思路有一个调整的过程。

根据邓小平的意见,1979年7月,中央提出:"关于出口特区,可先在深圳、珠海两市试办,待取得经验后,再考虑在汕头、厦门设置的问题。"③在当时国际上,这是史无前例的社会主义经济改革试验。对于这个试验,中央最初的设想是比较谨慎的,特区的功能定位为对外开放、引进外资和先进技术及管理经验。实际上,这时中央并未对特区规划和发展思路作出具体的制度安排,只有一些原则性的规定。然而其后的几个月,随着特区

---

① 《邓小平文选》第三卷,人民出版社1993年版,第378页。
② 《中共中央、国务院批转广东省委、福建省委关于对外经济活动实行特殊政策和灵活措施的两个报告》(1979年7月15日),广东省档案馆编:《改革开放三十年重要档案文献·广东》上册,中国档案出版社2008年版,第15页。
③ 同②,第16页。

各项筹备工作的展开，广东在考虑实行特殊政策、灵活措施的过程中，明显感觉到中央文件所批准的"出口特区"的名字，已不能涵盖特区规划和发展思路的内容，为此提出：办特区已不止于仅仅涉及出口，更包括了经济社会事业的方方面面，因此有必要将"出口特区"改为"经济特区"，并终获中央同意。1980年3月，国务院在广州召开广东、福建两省工作会议，"经济特区"的名称正式写入会议纪要。1980年5月，中共中央批转确定试办经济特区的《广东、福建两省会议纪要》明确提出：经济特区的管理，在坚持四项基本原则和不损害国家主权的条件下，可以采取与内地不同的体制和政策；经济特区主要实行市场调节；等等。可见，中共中央和邓小平决定兴办经济特区，就是要在经济特区内实行一系列不同于国内其他地区的特殊政策和经济、行政管理体制，以市场调节为主，在计划、外贸、财政、金融、劳动工资、物价等方面实行新的管理措施，探索出一条打破传统僵化的计划经济管理体制、尽快发展经济的新路。

1981年5月，在广东、福建两省和经济特区工作会议上，有关经济特区的规划和发展思路得到进一步提升。中央根据一年多以来特区工作的实践，并结合国外有关经济特区的经验，制定出关于经济特区发展的政策框架。在严谨的顶层设计与地方实践相结合的架构下，经济特区以蛇口工业区创办为先行点，先行先试，"摸着石头过河"，探索前进。蛇口工业区的创始者袁庚曾说："蛇口，弹丸之地，又是由一个企业开发的，如果着眼于它每年创造了多少经济价值，那何足挂齿。如果把它看作一根试管，也许会引人关注。如果孤立地研究这个区域的经济模式，未免小题大做。如果把它放在全国开放政策和经济体制改革的背景下来考察,那就有所不同了。"1981年11月,在五届全国人大常委会第二十一次会议上,时任国家进出口管委会副主任江泽民受国务院委托,介绍蛇口工业区时说:"蛇口的管理方式,为改革现行管理体制提供了有益的经验。"蛇口的管理方式及其带来的新观念、新做法、新作风被称为"蛇口模式"。"蛇口模式"实际上是对外开放和经济体制改革的综合性模式。"蛇口模式"对经济特区发挥了示范引领带头作用。

经济特区发展的历史证明,经济特区真正起到了改革开放综合试验场的作用。几十年中经济特区以开放促改革,以改革促开放,不仅在对外开放方面"大胆地试,大胆地闯",充当了"杀出一条血路"的"排头兵",而且在经济、政治体制改革方面也"大胆地试,大胆地闯",创造了很多个"第一"的纪录,提供了大量可复制、可推广的成功经验。例如,深圳经济特区早期就开始实行商事登记制、建设工程招标承包制、劳动用工合同制、政府大部门制、干部聘用制等。特别是经济特区一开始就坚持市场化的改革方向,在建立社会主义市场经济体制方面作了大胆的探索与改革。例如,土地利用市场化、发展股份制企业和资本市场、发展混合所有制经济、劳动力商品化、建立劳动保险社会保障体系及转变政府职能、改革行政审批制度等,为后来全国建立和完善社会主义市场经济体制提供了有益的借鉴和启发。

自始至终具体负责经济特区创办和领导工作的谷牧,后来将经济特区的功能概括为五个方面:一是观察研究当代世界经济的前沿;二是我国对外开放的"排头兵";三是通向国际市场的特殊渠道和发展外向型经济的新基地;四是改革的试验场;五是我国现行经济政策的集中展示。2018年4月13日,习近平总书记在庆祝海南建省办经济特区30周年大会上，充分肯定经济特区建设的历史功绩，深刻总结经济特区建设的宝贵经验，习近平总书记指出："40年来，深圳、珠海、汕头、厦门、海南5个经济特区不辱使命，在建设中国特色社会主义伟大历史进程中谱写了勇立潮头、开拓进取的壮丽篇章，在体制改革中发挥了'试验田'作用，在对外开放中发挥了重要'窗口'作用，为全国改革开放和社会主义现代化建设作出了重大贡献。"①

以经济特区作样板，推动改革开放由沿海到内地区域性发展

改革开放是从一些行业和一些地方先行先试的，推开发展也是从一些行业和一些地方开始的。从一些地方推开发展可以称之为"区域性推开发展"。比较起来，行业性推开发展还是带领域性的，区域性推开发展更带全面性和整体性，而不局限于某个领域或某个方面。因此，改革开放的区域性推开发展，较之行业性、领域性推开发展更具整体意义和普遍意义。

1984年是我国改革开放发展历史上的一个关键点。自党的十一届三中全会前就已发轫的农村改革成效显著，对于农村经济和整个国民经济的发展，对于其他方面和领域的改革，产生了重要的促进和影响。在农村改革的推动下，全面经济体制改革的任务势在必行。全面经济体制改革是以城市经济体制改革为重点的。城市经济体制改革的复杂性和难度比农村改革要大得多。城

---

① 习近平：《在庆祝海南建省办经济特区30周年大会上的讲话》，《人民日报》2018年4月14日。

市经济体制改革的试点工作虽然不断推进，但取得的经验是初步的。经济特区所进行的改革实际上是城市经济体制改革，而且取得了突破性的经验，可供内地城市经济体制改革借鉴。

在这个背景下，邓小平于 1984 年初视察深圳、珠海、厦门等几个经济特区。他认定中央兴办经济特区的决策是正确的："特区成为开放的基地，不仅在经济方面、培养人才方面使我们得到好处，而且会扩大我国的对外影响。听说深圳治安比过去好了，跑到香港去的人开始回来，原因之一是就业多，收入增加了，物质条件也好多了，可见精神文明说到底是从物质文明来的嘛！"他为深圳经济特区题词："深圳的发展和经验证明，我们建立经济特区的政策是正确的。"①1983 年 6 月 18 日，他在会见华裔专家时说："我们在广东、福建办了特区，看来这个路子走对了，当然问题还有。总的路子走对了。"他视察经济特区，一是因为当时一些人没有摆脱"左"的思想的影响，对经济特区有一些不认同的评价和看法，经济特区在创办过程中也确实出现了一些困难与问题，他不放心而想到实地看一看；二是他要实地考察经济特区先行先试改革开放取得的成绩和经验，为即将进行的以城市为重点的全面经济体制改革提供范例和借鉴。

邓小平视察经济特区后即同中央领导人谈话，从全局的角度、从建设中国特色社会主义的高度全面肯定经济特区的工作，澄清在经济特区问题上的一些非议，促进全党形成继续坚持并扩大开放的共识。他说："我们建立经济特区，实行开放政策，有个指导思想要明确，就是不是收，而是放。"②建立经济特区和对外

---

① 《邓小平文选》第三卷，人民出版社 1993 年版，第 52、51 页。

② 同①，第 51 页。

开放，不是要收，而是要放，这是他从经济特区建设实践得出的一个基本结论。在这个基本结论的前提下，他提出把整个厦门岛扩大成经济特区，实行自由港的某些政策；他提出"除现在的特区之外，可以考虑再开放几个港口城市，如大连、青岛"，还要"开发海南岛"。①实际上，他是要把经济特区试验场取得的改革开放的经验推向更大区域，他是要以几个经济特区为样板，推动改革开放在具备条件的更大区域内取得突破性发展，以促进全国以城市为重点的全面经济体制改革和整个国家的经济发展。

根据邓小平的设想，1984年3月底到4月初，中共中央召开沿海部分城市座谈会，确定进一步开放由北至南的大连至北海14个沿海港口城市。1984年党的十二届三中全会后，在邓小平的积极推动下，中国对外开放由沿海城市向广大沿海地区扩大。1985年1月，国务院召开长江三角洲、珠江三角洲和闽南厦（门）漳（州）泉（州）三角地区座谈会，确定将这三个三角地区开辟为沿海经济开放区。1988年4月，七届全国人大一次会议作出决议，设立海南省并建立海南经济特区。同时，中共中央、国务院决定将沿海经济开放区扩大到长江以北的辽东半岛、胶东半岛、环渤海地区和沿海其他地区。这样，中国的经济体制改革和对外开放，通过经济特区—沿海开放城市—沿海经济开放区—内地，由外向内、由沿海到内地逐步推进。沿海经济开放城市和沿海经济开放区，以扩大对外开放促进全面改革，不仅在对外开放方面，而且在体制改革方面借鉴吸收经济特区的经验和做法，全面推进和不断深化体制改革，大大促进了自身的改革发展，同时对

---

① 《邓小平文选》第三卷，人民出版社1993年版，第52页。

全国全面的改革发展发挥了重要的带动作用。到20世纪90年代初，长江沿岸10个主要中心城市全部对外开放之后，17个内陆省会城市以及一些内陆边境城市也相继对外开放。由经济特区点燃的星星之火，终成燎原之势。

1984年初春邓小平视察经济特区之后，党的十二届三中全会的筹备工作进入紧张阶段。这次全会的重要任务之一就是要作出一个关于全面经济体制改革的决定。邓小平对经济特区的成绩和经验的肯定，对这次会议和中共中央的决策产生了重要的影响。十二届三中全会通过的《中共中央关于经济体制改革的决定》提出的一些新的思想观点，以及为加快以城市为重点的全面经济体制改革而提出的许多政策措施，都吸收了经济特区的不少经验。特别是改变把计划经济同商品经济对立起来的传统观念，提出我国社会主义经济是公有制基础上的有计划的商品经济，是同经济特区以市场调节为主的改革实践分不开的。经济特区以市场调节为主的改革，实际上是搞社会主义商品经济也就是社会主义市场经济的改革，这也是几年来经济特区改革开放在理论和实践上最大的突破。

以经济特区为范例作出改革开放不会导致资本主义的论断，为进一步推进改革开放排除思想障碍

在改革开放过程中，自始至终有一个正确认识社会主义与资本主义关系的问题。社会主义制度较之于资本主义制度具有更大的开放性和包容性，使得社会主义在长期的历史发展中能够吸收和借鉴资本主义国家人民创造的文明成果。在改革开放之前较长

一段时期内,客观上由于西方资本主义国家对中国实行封锁孤立,主观上则由于中国共产党的指导思想陷入僵化的"左"的错误,将社会主义与资本主义视为两个水火不相容的世界,中国处于一种封闭半封闭的状态,在经济发展和科技、教育等方面与西方发达国家的差距越来越大。邓小平指出:"如果现在再不实行改革,我们的现代化事业和社会主义事业就会被葬送。"[①]但是在改革开放后一段时间内,不少人思想上仍未摆脱"左"的思想影响,疑虑改革开放会导致资本主义甚至会出现"和平演变",不断制造"姓社姓资"的争论。这无疑是推进改革开放的最大思想障碍。

在改革开放之初,邓小平就密切注意改革开放会不会导致资本主义的问题。他意识到改革开放是一个历史过程,人们的认识也有一个过程,需要用改革开放的实践来回答这个问题。一方面,他反复讲改革开放是一个大事业,要大胆地改;改得好的就坚持,改得不对的就收回来。他这样讲,是因为这种革命性的改革,没有成功的经验和成功的范例可搬用或借鉴,只能在探索和实践中前进。另一方面,他作为坚定的唯物主义者和社会主义者,对社会主义制度充满自信,反复指出改革开放不会受资本主义道路影响,影响不了社会主义制度。当然,在改革开放之初他这样讲,更多的还是一种理论和政策上的把握,只有改革开放的实践才能最后说明这个问题。

经济特区发展的实践提供了答案。邓小平 1984 年初春视察几个经济特区之后,更确定地回答了这个问题。6 月 30 日,他

---

① 《邓小平文选》第二卷,人民出版社 1994 年版,第 150 页。

在会见第二次中日民间人士会议日方委员会代表团时，联系中国几个经济特区和开放14个沿海城市的实际说：引进外资、国外先进技术和管理经验，"这些会不会冲击我们的社会主义呢？我看不会的"①。10月22日，他在中顾委第三次全体会议上对这个问题做了集中的阐发。他说："我们的同志就是怕引来坏的东西，最担心的是会不会变成资本主义，恐怕我们有些老同志有这个担心。""这个受不了，怕。影响不了的，影响不了的。"②1985年1月19日，他在会见香港核电投资有限公司代表团时指出："有人说中国的开放政策会导致资本主义。如果真的导致了资本主义，那么，我们的这个政策就失败了。我们的回答是，我们的开放政策不会导致资本主义。"③

邓小平之所以在1984年之后更加确定地回答改革开放不会导致资本主义，这当然是他对中国改革开放发展整体趋势和方向的判断，而经济特区发展的实际对他形成这一判断起了更直接的作用。经济特区是改革开放步子迈得最快最大的，当时党内外一些人对"姓社姓资"疑虑的焦点就在经济特区，而经济特区改革开放的实践和经济社会发展取得的显著成效，让邓小平对这场大试验正确与否心里更有了底。此时，广东已创办了三个经济特区，创造了举世闻名的"深圳速度"。到1983年，深圳已和外商及港澳商人签订了2500多个经济合作协议，成交额达18亿美元。与1978年相比，1983年深圳工农业总产值增长11倍，财政

---

① 《邓小平文选》第三卷，人民出版社1993年版，第65页。

② 同①，第90页。

③ 《邓小平会见嘉道理祝贺广东核电站合同正式签字　开放政策不会导致资本主义　社会主义比重将始终占优势》，《人民日报》1985年1月20日。

收入比办特区前增长 10 倍多，外汇收入增长 2 倍，基本建设投资比新中国成立后 30 年的总和增加 20 倍。

到 1992 年，经济特区又走过了 8 年的发展之路，经济特区到底是"姓社"还是"姓资"终于可以做最后的结论了，中国的改革开放不会导致资本主义的论断终于可以确定了。1992 年 2 月邓小平视察南方特别是经济特区，他说对办经济特区从一开始就有不同意见，担心是不是搞资本主义，深圳的建设成就明确回答了那些有这样那样担心的人。"从深圳的情况看，公有制是主体，外商投资只占四分之一，就是外资部分，我们还可以从税收、劳务等方面得到益处嘛"，"我们有优势，有国营大中型企业，有乡镇企业，更重要的是政权在我们手里"。① 对此，他斩钉截铁地判断"特区姓'社'不姓'资'"。他判断的主要标准是：是否有利于发展社会主义社会的生产力，是否有利于增强社会主义国家的综合国力，是否有利于提高人民的生活水平。② 连经济特区都是"姓'社'"，中国的改革开放还会变成资本主义吗？改革开放的实践使他获得一个更带普遍意义和战略意义的思想认识。在对经济特区改革开放的社会主义方向正确判断的基础上，他进一步指出："右可以葬送社会主义，'左'也可以葬送社会主义，中国要警惕右，但主要是防止'左'。把改革开放说成是引进和发展资本主义，认为和平演变的主要危险来自经济领域，这些就是'左'。"③

邓小平在南方谈话中进一步确定的改革开放不会导致资本主

---

① 《邓小平文选》第三卷，人民出版社 1993 年版，第 372—373 页。
② 同①，第 372 页。
③ 同①，第 375 页。

义和中国主要是防止"左"的论断，对于全党全社会克服"左"的思想影响的障碍，进一步解放思想、推进改革开放和社会主义现代化建设具有十分重要的意义。因此，南方谈话被称为又一个解放思想、实事求是的宣言书。

总结经济特区的经验，提出深化改革、加大开放、加快发展的一系列新的决策思想

邓小平在南方谈话中不仅提出新一轮思想解放的任务，而且提出进一步深化改革、加大开放、加快发展的一系列新的决策思想。

20 世纪 90 年代初期，国际国内形势非常复杂。一方面，随着苏联解体、东欧剧变，社会主义的发展在世界范围内陷入低潮，对中国社会主义事业造成一定的消极影响，有人对社会主义的前途丧失信心，也有人对改革开放产生怀疑。另一方面，世界政治多极化带来经济全球化加快，世界范围的经济结构调整继续进行，高新技术产业迅猛发展，为中国参与全球化竞争和合作提供了机遇。中国经过十多年的改革开放，经济、科技等方面的发展水平有了较大提高，为进一步的发展打下了良好的基础。这样，能否抓住机遇加快发展，把改革开放和现代化建设继续推向前进，成为影响中国发展进步的重大课题。邓小平在这个关键时刻视察南方特别是经济特区，就是要深入考察和总结改革开放的实践经验，解答这一课题。他在南方谈话中提出的一系列新的思想和观点，有一些是他一段时间以来观察和思考的结果，有相当多是他在视察经济特区时形成的，有的则是他早已有所思考而在

视察经济特区时进一步加深认识的。南方谈话，只能是在他视察南方特别是经济特区的谈话，打上了经济特区鲜明的烙印。谈话所提出的关于深化改革、加大开放和加快发展的许多重要决策思想，同经济特区的实践经验密不可分。

比如，他在南方谈话中强调改革开放胆子要大一些，看准了的就大胆地试，大胆地闯。邓小平明确地讲这是深圳的经验，他说："深圳的重要经验就是敢闯。没有一点闯的精神，没有一点'冒'的精神，没有一股气呀、劲呀，就走不出一条好路，走不出一条新路，就干不出新的事业。"① 改革开放要敢试敢闯，这是他一贯的思想。早在创办经济特区时，他就向广东的同志提出要"杀出一条血路"。经济特区之所以在很短时间内改革开放有大的突破，就是因为敢试敢闯。

比如，他在南方谈话中提出：计划多一点还是市场多一点，不是社会主义与资本主义的本质区别。计划经济不等于社会主义，资本主义也有计划；市场经济不等于资本主义，社会主义也有市场。② 搞社会主义市场经济的思想，在马克思主义经典作家中邓小平是讲得最明确最彻底的。早在改革开放刚起步时，他就提出："说市场经济只存在于资本主义社会，只有资本主义的市场经济，这肯定是不正确的。社会主义为什么不可以搞市场经济，这个不能说是资本主义。我们是计划经济为主，也结合市场经济，但这是社会主义的市场经济。"③ 由于受实践发展和人们的思想认识的局限，中国改革开放一开始便确定社会主义市场经济

---

① 《邓小平文选》第三卷，人民出版社1993年版，第372页。

② 同①，第373页。

③ 同①，第376页。

的目标是不可能的,需要先行先试。经济特区创办时中央的要求很明确,其中一条就是实行以市场调节为主的体制改革。经过十多年的发展,经济特区在探索市场经济改革方面已取得成功的经验,社会主义市场经济已初具规模。可以肯定地说,在经济特区市场已大大多于计划了。邓小平正是在市场经济最多的经济特区,看到了市场经济给社会主义带来的新的生机与活力,看到了社会主义市场经济的成功和发展前景,才下决心在中国搞社会主义市场经济。

又如,他在南方谈话中提出:"抓住时机,发展自己,关键是发展经济","低速度就等于停步,甚至等于后退",发展经济要讲效益讲质量,"我国的经济发展,总要力争隔几年上一个台阶"。[1] 邓小平还说他有一个大失误,就是搞四个经济特区时没有加上上海,这说明他是从经济特区发展速度的事实中得到这一启发的。1984年他视察经济特区时,对深圳街头的一幅标语"时间就是金钱,效率就是生命"印象特别深。"效率"一时成为经济特区的代名词。

再如,邓小平提出:"社会主义要赢得与资本主义相比较的优势,就必须大胆吸收和借鉴人类社会创造的一切文明成果,吸收和借鉴当今世界各国包括资本主义发达国家的一切反映现代社会化生产规律的先进经营方式、管理方法。"[2] 这段话集中阐明了中国全方位全领域对外开放的目标和方针,这无疑也打上了经济特区的深深印记。邓小平1984年第一次视察经济特区时就指出:"特区是个窗口,是技术的窗口,管理的窗口,知识的窗口,

---

[1]《邓小平文选》第三卷,人民出版社1993年版,第375页。
[2] 同①,第373页。

也是对外政策的窗口。"① 经济特区在发展实践中充分发挥了这些"窗口"作用。中国的对外开放，正是从经济特区的"窗口"一步步扩大的。正是从经济特区的"窗口"，人们更加看到了中国吸收和借鉴人类社会创造的一切文明成果的必要性、迫切性和可能性。

邓小平南方谈话的内容博大精深，从中还可以找出很多与经济特区建设实践具有密切联系的思想观点。这篇谈话，不仅在当时对推进改革开放起到了十分重要的指导作用，而且对中国整个改革开放和社会主义现代化建设的发展具有深远的意义。1992年10月召开的党的十四大贯彻落实了邓小平南方谈话精神，将建立社会主义市场经济确立为经济体制改革的目标，中国改革开放进入新的发展阶段。经济特区在建立和发展社会主义市场经济的改革开放新阶段，继续发挥着"排头兵"的作用，创造了新经验，作出了新贡献。

---

① 《邓小平文选》第三卷，人民出版社1993年版，第51—52页。

邓小平"科学技术是第一生产力"的思想形成发展过程

邓小平提出的科学技术是第一生产力的观点,是对马克思主义生产力理论的发挥和发展,揭示了科学技术在社会生产力诸要素中的第一位也是决定性的地位,揭示了科学技术对生产力发展的革命性意义。这一观点告诉人们,在社会主义条件下,发展生产力必须依靠科学技术的进步和劳动力素质的提高。这一观点对确立科技、教育在我国现代化建设中的战略地位,决策和实施科教兴国发展战略具有重大而深远的意义。

邓小平"科学技术是第一生产力"的思想经过了一个形成和发展过程,大致可以分为两个阶段

第一阶段:党的十一届三中全会召开前夕,在1978年3月召开的全国科学大会上,邓小平重申马克思主义经典作家关于"科学技术是生产力"的论断,并提出"四个现代化,关键是科

学技术的现代化"①。

邓小平是1977年7月复出工作的。在正式复出工作之前，党中央主要领导人委托有关同志就他复出后分管工作问题征求他的意见，他主动提出要分管科教工作。他看到，科教战线是"文化大革命"的重灾区，科学教育落后、人才匮乏，严重制约着中国现代化建设；他要从问题最多、难度最大的科教战线入手，打开全面拨乱反正的突破口，打开国家实现四个现代化的突破口。在正式复出工作之前，他就做了一些调查研究，提出了一些重要的思想主张，特别是倡导全党全社会"尊重知识，尊重人才"。这一倡导，是对"文化大革命"中轻视科学文化、贬低知识分子作用的极左思潮的彻底否定。

邓小平复出后抓科教工作做的第一件大事，就是在1977年8月上旬主持召开科学和教育工作座谈会。这个座谈会讨论酝酿了推翻"文化大革命"中"四人帮"炮制的打击广大知识分子的"两个估计"和恢复高考等重大问题，也讨论了科教战线其他方面拨乱反正的问题。邓小平在会上指出："我们的国家要赶上世界先进水平，从何着手呢？我想，要从科学和教育着手。"②

邓小平复出工作后抓科技教育工作做的另一件大事，就是在1978年3月领导召开全国科学大会。他在大会开幕式上的讲话集中阐述了科学技术是生产力这一马克思主义的基本观点，并进一步指出"科学技术正在成为越来越重要的生产力"。从这个基本观点出发，他指出：四个现代化，关键是科学技术现代化。没有现代科学技术，就不可能建设现代农业、现代工业、现代国防。

---

① 《邓小平文选》第二卷，人民出版社1994年版，第86页。

② 同①，第48页。

他从科学技术是生产力引申开来,指出科技教育工作者作为"为社会主义服务的脑力劳动者是劳动人民的一部分","是工人阶级的一部分"。①

科学技术是生产力,是马克思列宁主义的一个基本观点。邓小平在"文化大革命"刚结束不久重申并强调这一观点,具有重要的拨乱反正意义。

在一个较长的时期内,由于"左"的思想影响,我们对社会主义的根本任务是解放和发展生产力认识不清楚,对科学技术是生产力这一马克思主义的基本观点没有给予应有的重视,甚至曾经简单地将科学技术列入社会意识形态和上层建筑的范围。在"文化大革命"中,唯心主义横行,形而上学猖獗,"四人帮"滥批所谓"唯生产力论",把发展科学技术同"无产阶级政治"对立起来,断言"卫星上天,红旗落地",极力排斥、打击知识分子,把知识分子排除在劳动人民之外,搞乱了人们的思想,对我国科技事业造成极其严重的破坏。

邓小平在这个时候重申科学技术是生产力,是要从思想上拨乱反正,是要解放广大科技工作者的思想,调动他们的积极性,迅速改变我国科技落后的面貌,为社会主义现代化建设服务。这次科学大会被称为"科学的春天"。邓小平关于科学技术是生产力的讲话产生了极大的反响。参加科学大会的科技工作者集体给邓小平写信说:"我们普遍感到思想上来了一个解放,余悸打消了,可以放心大胆地为社会主义科学事业大干一番了!"

1978年党的十一届三中全会以后,在改革开放和社会主义

---

① 《邓小平文选》第二卷,人民出版社1994年版,第86—89页。

现代化建设的过程中,科学技术是生产力的思想得到贯彻落实。1982年党的十二大明确将科学技术作为我国经济发展的战略重点,科学技术在我国社会主义现代化建设事业中的战略地位得以确立。这之后,邓小平不仅在理论上继续阐述科学技术是生产力的思想,而且在实践上着手解决解放科技生产力的问题。1985年3月,他在全国科技工作会议上,提出了科技体制改革的目标和任务,特别是深刻地指出科技体制改革要进一步"解决科技和经济结合的问题"。明确指出:"经济体制、科技体制,这两方面的改革都是为了解放生产力。"① 邓小平关于科技体制改革的论述,实质上是指出了科学技术转化为生产力的根本途径,进一步发展了马克思主义关于科学技术是生产力的思想。1985年3月,中共中央作出的《中共中央关于科学技术体制改革的决定》,集中贯彻邓小平的这些思想主张,对我国科技体制改革作出了全面部署。科技体制改革的推进,极大地促进了我国科技事业的发展。

第二阶段:党的十三大提出使经济建设转到依靠科技进步和提高劳动者素质的轨道上来的经济发展战略之后,邓小平进一步提出"科学技术是第一生产力"的思想。

20世纪80年代中后期,我国的经济建设,肩负着既要推进传统产业革命,又要迎头赶上世界新技术革命的双重任务,1987年党的十三大提出要把经济建设转到依靠科技进步和提高劳动者素质的轨道上来。1988年9月5日,邓小平在同来访的捷克斯洛伐克总统胡萨克的谈话中,提出了一个重大的科学论断,这就是"科学技术是第一生产力"。他说:"马克思说过,科学技术是

---

① 《邓小平年谱(1975—1997)》(下),中央文献出版社2004年版,第1032页。

生产力，事实证明这话讲得很对。依我看，科学技术是第一生产力。"①

从十年前重申科学技术是生产力至此，邓小平关于科学技术是第一生产力的思想完整地形成。

邓小平的这段话不是他在同胡萨克正式会谈时讲的，而是在欢迎胡萨克的宴席上的谈话中讲的。一周之后，邓小平在听取有关部门汇报工作时，特别提到说："最近，我见胡萨克时谈到，马克思讲过科学技术是生产力，这是非常正确的，现在看来这样说可能不够，恐怕是第一生产力。"② 四年之后，邓小平在视察南方时再次说："经济发展得快一点，必须依靠科学和教育。我说科学技术是第一生产力。"③ 可见，他是非常重视这一思想观点的，这一思想观点是他经过深思熟虑提出来的。

邓小平还有一个非常有前瞻性的观点，就是发展中国的科技要瞄准世界高科技的前沿。在提出"科学技术是第一生产力"论断的同时，他明确提出了"中国必须在世界高科技领域占有一席之地"的目标。就在会见胡萨克一个多月以后，10月24日，他在视察北京正负电子对撞机工程时指出："过去也好，今天也好，将来也好，中国必须发展自己的高科技，在世界高科技领域占有一席之地。"④ 这一观点，是邓小平关于科学技术是第一生产力思想的重要组成部分。

邓小平科学技术是第一生产力的思想，深刻揭示了在当今时

---

① 《邓小平文选》第三卷，人民出版社1993年版，第274页。
② 同①，第275页。
③ 同①，第377页。
④ 同①，第279页。

代，科学技术不再只是生产力的一般要素，而应是生产力诸要素中第一位的要素，在生产力的发展中起着主要的、决定性的作用。以往的马克思主义经典作家论述科学技术虽然是生产力，不是将科技作为一个独立的生产力要素考察其在社会生产力发展中的作用，而是认为科技主要是通过影响劳动者、劳动工具和劳动对象而推动生产力发展的。邓小平分析当今时代科学技术和经济发展的特点，认识到科学技术对生产力的发展日益直接地产生革命性的推动作用，在很多方面都直接体现为生产力，成为独立的生产力要素，而且成为生产力要素中第一位要素，对其他生产力要素的影响也越来越大，在生产力发展中起着主要的、决定性的作用。这无疑是对马克思主义科学技术是生产力基本观点的创造性发展。

邓小平"科学技术是第一生产力"思想的形成和提出有着深刻的时代背景

20世纪五六十年代以后，世界发生第三次科技革命，科学技术对生产力发展的作用日益凸显。第三次科技革命主要是原子能、电子计算机和空间技术等新科学技术的发展和应用，使经济增长由原来主要依靠资本、劳动力等要素投入，转变为主要依靠科学技术的发展。现代通信、网络技术、新能源技术、新材料技术和生物工程等新兴技术兴起，带来了一场新的产业革命，世界步入"新经济时代"。以知识为基础的信息产业逐步成为主导产业。邓小平敏锐地观察到了现代科技的发展对经济社会发展具有的决定性推动作用。他指出："世界形势日新月异，特别是现代科学技术发展很快。现在的一年抵得上过去古老社会几十年、上百年甚至更长的时间。"①"同样数量的劳动力,在同样的劳动时间里,可以生产出比过去多几十倍几百倍的产品。社会生产力有这样巨大的发展,劳动生产率有这样大幅度的提高,靠的是什么?最主要的是靠科学的力量、技术的力量。"②因此,他先是重申马克思主义关于科学技术是生产力的基本观点,以唤起人们对科学技术的重视;到80年代末期又进而提出"科学技术是第一生产力"的论断,进一步强调科学技术对经济社会发展所具有的第一位的决定性作用。

到20世纪80年代以后,国际上高科技竞争日趋激烈,高新技术进一步发展;中国社会主义现代化建设进入关键发展阶段,而科学技术发展落后的状态与之很不相适应。20世纪中叶,世界上一些本来就比较发达的国家进一步抓住科学技术发展引发的产业革命的机会,抢占科技发展的制高点,纷纷出台一些发展高技术的战略计划,在生物、信息、空间、海岸、新能源、新材料等高科技领域开展竞争,促进高科技的发展。而很多发展中国家则因为科学技术基础薄弱,没有注意抓住科学技术革命带来的发展机遇,而在科学技术方面与发达国家的差距越来越大。邓小平指出:"世界新科技革命蓬勃发展,经济、科技在世界竞争中的地位日益突出,这种形势,无论美国、苏联、其他发达国家和发展中国家都不能不认真对待。"③

中国自20世纪50年代末开始,由于"左"的思想的影响,

---

① 《邓小平文选》第三卷,人民出版社1993年版,第291页。
② 《邓小平文选》第二卷,人民出版社1994年版,第87页。
③ 同①,第127页。

特别是"文化大革命"的破坏，与经济发展和人民生活相关的科学技术基本上处于停滞状态，科学技术发展的整体水平与世界先进水平的差距愈拉愈大。到70年代末，按邓小平的估计，中国的科学技术水平整体上至少落后于世界先进国家20年，不仅落后于发达国家，而且落后于一些发展中国家。八亿农村人口基本上还是靠手工农具搞饭吃，城市少量现代化工业同大量落后于现代化水平几十年甚至上百年的工业同时存在，一些重要工业的劳动生产率只有国外先进水平的几十分之一。中国80年代前，科技对经济增长的贡献率仅为25%左右，远远低于发达国家的70%左右。

1987年党的十三大确定了中国现代化"三步走"的发展战略和步骤，要求在20世纪末人民生活达到小康水平，到21世纪中叶达到中等发达国家水平。四个现代化，关键是科学技术的现代化。邓小平深有感触地说："必须清醒地看到，我们的科学技术水平同世界先进水平的差距还很大，科学技术力量还很薄弱，远不能适应现代化建设的需要。"[①]他还说，我们已经耽误很多年，影响了发展，还要再耽误多少年，后果不堪设想。[②]在这种情况下，他总结中国科技和现代化发展正反两方面的经验，创造性地提出"科学技术是第一生产力"的论断，目的还是在于引导人们进一步深刻认识科技在生产力发展中的决定性、革命性作用，真正把科学技术现代化摆在全面现代化建设的"龙头"位置，迅速改变科技落后的面貌，努力实现科学技术跨越式发展，以引领和支撑我国社会主义现代化建设的发展。

---

① 《邓小平文选》第二卷，人民出版社1994年版，第90页。
② 《邓小平文选》第三卷，人民出版社1993年版，第274—275页。

邓小平"科学技术是第一生产力"的思想，为确立和实施科教兴国战略奠定了思想基础

20世纪90年代以后，随着改革开放的进一步扩大和深入，面对日益激烈的国际经济和科技竞争，党中央将贯彻科学技术是第一生产力的思想、加速科技进步作为国家发展战略提了出来。1989年11月，党中央在全国科技大会上提出"把经济建设真正转移到依靠科技进步和提高劳动者素质上来"。1994年初，时任中共中央总书记江泽民提出："'科学技术是第一生产力'的思想能否真正贯彻，是经济发达、国家强盛的根本所在。"1995年5月，中共中央、国务院作出《关于加速科技进步的决定》，正式提出科教兴国战略。这就是：全面贯彻"科学技术是第一生产力"的思想，坚持教育为本，把科技和教育摆在经济、社会发展的重要位置，增强国家的科技实力及向生产力转化的能力，提高全民族的科学文化素质，把经济建设转移到依靠科技进步和提高劳动者素质的轨道上来。

进入21世纪之后，我国社会主义现代化建设进入一个新的发展阶段。党的十六大以后，时任中共中央总书记的胡锦涛指出，"科学技术是第一生产力，是经济社会发展的重要推动力量"，"战略高技术日益成为经济社会发展的决定性力量"。党中央提出，要坚定不移地实施科教兴国战略，要坚持把自主创新摆在全国科技工作的突出位置，大力增强科技创新的能力。2006年，党中央、国务院作出建设创新型国家的战略决策，核心就是把增强自主创新能力作为发展科学技术的战略基点，走出一条具有中国特色的科技创新道路，推动科学技术跨越式发展，为经济

社会发展提供有力的支撑。

党的十八大以来，中国特色社会主义进入新时代。以习近平同志为核心的党中央把全面创新摆在国家发展全局的核心位置，高度重视科技创新，围绕加快推进以科技创新为核心的全面创新，提出了一系列的战略思想和战略要求。习近平总书记指出，要坚持"科学技术是第一生产力"的观点，发挥科技创新在全面创新中的核心引领作用，实施全面创新驱动发展战略，必须紧紧抓住科技创新这个"牛鼻子"。面对日趋激烈的全球科技竞争，习近平总书记强调："在科技创新上要有自己的东西"，"要走前人没有走过的路"，在涉及未来的重点科技领域要超前部署，大胆探索，坚定不移地走中国特色自主创新道路。实施创新驱动发展战略，必须深化改革。习近平总书记指出，要面向世界科技前沿、面向国家重大需求、面向国民经济主战场，精心设计和推动科技体制的改革。党的十九大对新时代中国特色社会主义发展作出了新的战略部署，确定将加快建设创新型国家作为贯彻新发展理念、建设现代化经济体系的重大战略任务。习近平总书记在十九大报告中还提出了坚定实施科教兴国战略、人才强国战略、创新驱动发展战略等一系列重大举措，和国家科技实力大幅提升、跻身创新型国家前列的发展目标。习近平总书记的一系列重要论述，为推动我国科技创新，更好地发挥科技在全面创新中的引领作用，指明了方向。

邓小平在全面建设社会主义时期的探索

从1956年党的八大召开到1965年"文化大革命"爆发前，这十年是中国全面建设社会主义的时期，也是中国共产党在曲折中探索社会主义建设道路的时期。党虽然在指导思想上日益陷入"左"的错误，但一直是一边犯错误一边纠正，对社会主义建设道路的探索取得了很多积极的成果，积累了很多有益的经验。

以苏联和东欧国家的经验教训为鉴戒，独立自主地探索符合中国实际的社会主义建设道路，是1956年筹备和召开党的八大的过程中，以毛泽东同志为主要代表的中国共产党人获取的一个十分宝贵的思想认识，也是中国共产党人探索中国社会主义道路的开端。

1956年2月，苏共召开二十大全盘否定斯大林，一方面给国际共产主义运动造成了震动和消极影响，另一方面又揭开了斯大林的盖子，对于包括中国共产党在内的各国马克思主义政党破除对苏联和苏联经验的迷信，为寻求适合本国情况的革命和建设道路，提供了思想条件。在中国共产党内，一时间形成了破除迷信、解放思想、探求问题的风气。

邓小平在参与筹备召开党的八大的过程中,参加了毛泽东组织的听取经济部门汇报的调查研究。而且,他不仅在上半年同朱德等赴莫斯科出席苏共二十大,对苏联社会主义建设和意识形态工作的弊端有切身的感受;而且在下半年同刘少奇等再赴莫斯科协助苏共中央处理波匈事件,对波兰、匈牙利等东欧国家照搬苏联模式带来的恶果有切身的感受。这些,使他对借鉴苏联和东欧国家的教训,总结中国自己的经验,独立自主地探索中国社会主义建设道路,有了更清醒和坚定的认识。1956年11月17日,也就是在八大闭幕后不久,他在会见国际青年代表团谈到苏联、东欧国家的教训时说,革命和建设都不能照搬别国经验和模式;并且指出,探索中国社会主义建设道路,就是要将"马克思主义的普遍真理"同"中国的实际相结合"。

从中国的实际出发,走符合中国实际和特点的社会主义建设道路,在邓小平的思想上扎下了根。在全面建设社会主义时期,他作为党的第一代中央领导集体的成员,在参与社会主义建设一系列重大决策的制定和实施的过程中,深入思考,提出了一系列重要的思想主张,集中反映了他探索中国社会主义建设道路的思想认识成果。这一时期的思考和探索,为他后来领导党和人民开创中国特色社会主义道路,做了思想和理论上的准备。

社会主义基本制度要不断调整和完善,社会主义具体制度应不拘一格

1956年的苏共二十大特别是波匈事件,暴露出社会主义的"丑陋",对国际共产主义运动造成严重冲击,也对人们传统的社

会主义观造成严重冲击。在中国,"波匈事件是不是意味着社会主义制度行不通"成为人们思想上最大的疑惑。1957年1月12日,邓小平应邀到清华大学为师生作报告,他运用历史唯物主义基本观点对此作出解答。他说:"制度好不好决定于是否能够促进生产力的发展。应当说,我们现在的制度和生产力发展是适合的,是好的。"他对社会主义的"基本制度"和"具体制度"作了辩证的、实事求是的分析,指出:社会主义基本制度"还不是完善的",还要不断地调整和完善。"基本制度"要通过恰当的"具体制度"和方法去实现。关于社会主义具体制度,他主张不拘一格。他说:"只要有利于发展生产,有利于发挥工人阶级的积极性、创造性,能够监督和防止领导上的官僚主义,什么制度合适,就采取什么制度。"怎么样完善社会主义基本制度和发展社会主义具体制度呢?他指出:"重要的是应当对那些正确的要坚持,对那些错误的要纠正,不完善的要补足。"①

这是在中国刚刚建立起社会主义制度、刚刚开始进行社会主义建设的时候,邓小平对中国如何坚持和发展社会主义制度、如何搞社会主义建设问题的基本思考,成为他的社会主义观和社会主义改革观的基本观点。"正确的要坚持""错误的要纠正""不完善的要补足"后来则成为体现他实事求是思想方法的名言。

社会主义要建立在生产力发展的基础上,生产关系不能超越生产力发展的阶段

生产力决定生产关系,这是辩证唯物主义与历史唯物主义

---

① 《邓小平年谱》第三卷,中央文献出版社2019年版,第4页。

的基本原理。在1958年开始兴起的"大跃进"和人民公社化运动中,邓小平是少有的坚持运用这一基本原理分析问题者之一。"大跃进"和人民公社化运动铺开后,以高指标、浮夸风、瞎指挥和"共产风"为主要标志的"左"的错误严重地泛滥开来。"左"的错误的症结之一,就是超越生产力发展的阶段,主观随意地拔高人民公社的所有制形式。被认为是人民公社样板的河北省徐水县,最早宣布实行全民所有制。1958年10月,邓小平在徐水县视察时提出,生产关系不要搞得太纯,"除了全民所有制外",还要允许"小集体"。接着他在云南视察时明确批评:"现在不能肯定徐水是成功的",徐水县搞清一色全民所有制"那个办法行不通",要照顾"个人、集体、全民的关系"。①11月上旬,毛泽东在郑州主持召开中央工作会议,纠正浮夸风、"共产风"和基层干部工作方法上的错误,并涉及纠正混淆全面所有制与集体所有制、社会主义与共产主义两种界限的错误思想。邓小平就"什么是建成社会主义"问题发言指出:"实现全民所有制要有雄厚的物质基础,总要在生产力发展的基础上,不断提高生产水平。""人民公社还不是共产主义的,连社会主义还没有建成,怎么就是共产主义呢?"②他批评一些地方宣布实现全面所有制言过其实,因为他们的生产力水平还很低。

由于连续两年大面积自然灾害和1959年庐山会议后继续"大跃进"的影响,到1960年冬全国出现严重的经济困难,中共中央决定对国民经济实行全面调整。这年7月邓小平赴东北调查,实际的情况更使他感到调整要从党员干部的思想根源上解决

---

① 《邓小平年谱》第三卷,中央文献出版社2019年版,第130页。
② 邓小平在中央工作会议上的讲话,1958年11月7日。

问题，明确地提出要纠正生产关系超越生产发展阶段的错误。他在听取哈尔滨市工作汇报时指出，"我们就是超越了阶段"，"我们在社会主义阶段只能搞这样高的"，并说"今后主要讲社会主义好了"，"一切都要按社会主义原则办事，不要再照顾原来说过的话"。①

在社会主义过渡时期哪种生产关系有利于生产力的发展，就选择哪种生产关系

"大跃进"和人民公社化运动最深刻的教训之一是割裂生产关系与生产力的关系，片面地从生产关系理解社会主义原则，陷入"唯生产关系论"，在生产关系上折腾来折腾去。1961年进入国民经济调整时期以后，邓小平和陈云等开始深入思考从生产关系上调整农村政策的问题。1962年3月底，邓小平在中央书记处会议上谈到如何恢复发展农业生产时说："原则是哪种办法见效快就用哪种办法，不要拘泥于形式"，"不要担心个人多了，集体少了，无非是百分之十几，这里出点富裕农民也不怕"。②

七千人大会后，一些地方农村摸索建立农业生产责任制，搞生产到组、包产到户，引起争议。1962年7月，邓小平在中央书记处会议上指出："不管是黄猫黑猫，在过渡时期，哪一种方法有利于恢复，就用哪一种方法。"③这就是后来有人概括的"猫论"。之后，他又将"猫论"进一步展开，指出："农业本身的问题，现

---

① 《邓小平年谱》第三卷，中央文献出版社2019年版，第319页。
② 同①，第363页。
③ 同①，第379页。

在看来,主要还得从生产关系上解决",生产关系的"哪种形式在哪个地方能够比较容易比较快地恢复和发展农业生产,就采取哪种形式;群众愿意采取哪种形式,就应该采取哪种形式,不合法的使它合法起来","在生产关系上不能完全采取一种固定不变的形式","要承认多种多样的形式"。[①] 他的这一思想主张,使当时党内探讨农业生产关系变革的思想和气氛更加活跃。

邓小平和刘少奇、周恩来、陈云等这一时期关于调整农业生产关系、促进农村生产力发展的思想主张,虽然在不久后召开的北戴河中央工作会议和党的八届十中全会上被否定,但是,影响是非常深远的。邓小平上述思想观点,特别是坚持以发展生产力为目的调整生产关系和社会主义过渡时期生产关系要多种多样的思想,成为十多年后中国改革的思想源头。

按劳分配是社会主义的原则,是社会主义与共产主义的区别,要打破平均主义,让农民富起来

人民公社实行穷过渡,在所有制上拔高为全面所有制,在分配制度上也实行接近按需分配的生活资料供给制。1958年11月人民公社化运动刚铺开不久,邓小平在贵州考察时就对此表示怀疑,他说"还得有差别,还得有按劳取酬"。到1961年初,党的八届九中全会决定对国民经济实行调整,邓小平南下调研,实际情况使他进一步认识到调整不只是降低钢铁指标等,还要从人民公社体制上进行调整。3月他在四川成都考察人民公社时指出,

---

[①]《邓小平文选》第一卷,人民出版社1994年版,第323、324页。

搞社会主义建设"不能只简单靠政治挂帅","没有按劳分配的社会主义原则还是不行的",并且分析说,没有按劳分配,就不能各尽所能,就调动不了人民群众的积极性。① 这时,打破平均主义最主要的是要限制供给制的比例直至最后取消供给制。邓小平南下调查后又于4月和彭真到北京郊区农村作调查。5月10日,他在和彭真给中央提交的《关于北京郊区农村调查的报告》中指出:供给制办法"带有平均主义性质,害处很多",废除供给制"可以大大提高劳动分值,更好地贯彻执行按劳分配的原则,更好地调动社会的生产积极性"。

打破平均主义,即意味着收入分配上出现差别,而这正是传统社会主义观念所不允许的。邓小平不仅认为应当有这种差别,而且提出了"让农民富起来"的政策思想。1961年1月5日,他主持召开中央书记处会议,听取刚从西藏考察回来的中央民族宗教事务委员会副主任杨静仁的汇报时指出,"政策要让农民富起来""让农户富起来""让农民家里有存粮,牛羊多点,修点房子"。并且说:"农民富要放在一家一家上,不要放在一团一团上。"② 在当时的情况下,邓小平明确提出"政策要让农民富起来",让农户一家家富起来,是非常可贵的,这实际上是他关于农村政策的一个总的指导思想。十多年后,他领导和推动农村改革,初衷还是为了让农民富起来,农村改革的政策还是从"富农"开始的。

---

① 邓小平在中共中央书记处会议上的讲话,1961年3月29日。
② 邓小平听取杨静仁关于西藏工作问题汇报时的讲话,1961年1月5日。

社会主义必须发展商品生产和商品交换，社会主义条件下的商品生产和商品交换不是资本主义的

人民公社化运动兴起后，农村生产成了自给性生产模式，物资大都实行统一调拨，商品交换和资本流通在很多地区基本上被取消，不仅影响了农村经济的活力，而且极大地限制了工业和城市经济的发展。邓小平是这个问题比较早的发现者之一。1958年10月，他在云南视察时指出，农业生产"总是要有交换的""要千方百计使交换的东西增多"。不久，在11月上旬召开的郑州中央工作会议上，他主持修改《十五年社会主义建设纲要四十条（一九五八至一九七二）》时，特别重新改写了原第三十六条的内容，提出"人民公社应当根据必要的社会分工发展生产，既要增加自给性产品，又必须增加用以交换的产品"。在讨论这一修改时，毛泽东提出关于社会主义时期必须扩大商品生产和商品交换的意见。12月9日，党的八届六中全会在武昌召开，邓小平在讲话中根据毛泽东的意见明确指出："目前我国商品生产和商品交换不是多了，而是少了。我国目前的商品生产和商品交换，是在社会主义公有制基础之上，在国家经济领导下进行的，不是资本主义的。"[1] 在这里，邓小平不仅指出了发展商品生产和交换的现实必要性，而且初步揭示了社会主义时期商品生产和交换的性质。

---

[1]《邓小平年谱（1904—1974）》（下），中央文献出版社2009年版，第1473页。

制定经济建设的长远规划,要以解决人民群众吃穿用问题为中心

社会主义生产的目的,是满足人民群众日益增长的物质文化生活的需要。"大跃进"搞"以钢为纲",犯了与苏联只重视重工业忽视轻工业和人民生活的同样的错误。1961年初,毛泽东和党中央决定实行经济调整,在指导思想上的重要变化,就是把发展生产与改善人民生活的关系摆正了。邓小平的这一思想认识尤为明确。这年3月,他在广州中央工作会议上说:"革命胜利后搞民主革命和社会主义改造,要保证几亿人口的吃、穿、用"。到下半年,经济调整取得初步成效,国家计委即着手研究制订第二个五年计划的后两年补充计划和1963年至1969年的七年计划。邓小平要求后两年补充计划要搞"过关"的指标,"过关"的指标并不是以前那样的高指标,而是解决人民群众吃、穿、用问题的指标。同时他指出,制定七年规划,要真正按照农、轻、重为序来安排、以基本解决人民群众吃穿问题及日用品问题为中心来规划各方面。[①] 他还说:"总的规划原则核心是解决吃穿用,部分解决住,兼顾国防,围绕这些计算钢、煤生产多少。"[②] 这里,他把吃穿用与钢的位置调了一个个儿,是要使正在制定的规划真正成为以解决人民群众吃穿用问题为中心的规划,这同以前的"以钢为纲"的"大跃进"计划相比,出发点和立足点都不一样了。

由于经济调整的任务重,发展情况不明朗,七年规划的制定

---

① 《邓小平年谱》第三卷,中央文献出版社2019年版,第332页。
② 邓小平在中央书记处会议上的讲话,1961年11月21日。

被搁置下来。到1962年，国民经济趋向好转，计划编制工作也回归常规。国家计委考虑例行地编制国民经济发展第三个五年计划，并根据邓小平的意见，提出按照"首先解决吃穿用的原则"来安排国民经济。因此，三五计划被称作"吃穿用计划"。尽管后来由于形势发生变化，大家对制订三五计划的指导思想的认识发生了变化，在毛泽东的主导下改变了原定的思路，但以农业为基础和重视解决人民吃穿用问题的基本思想理念并没有改变，并且对实际工作产生重要影响。

以解决人民群众吃穿用问题为中心制定经济发展的长远规划，不仅充分体现了社会主义生产的目的，而且符合中国基本国情。中国是一个人口大国，解决人民群众的吃穿用问题是一项长期的任务。在新时期，邓小平设计的社会主义现代化三步走的发展战略，第一步就是解决温饱问题，让老百姓吃饱穿暖；第二步实现小康，主要还是要让老百姓吃穿用更好一些，而且要住得更好一些，生活环境更好一些，等等。

搞经济建设要按经济规律办事，既要有雄心壮志，又要实事求是；不要搞违反群众意愿的"大呼隆"群众运动

党的八大以后，邓小平同毛泽东等中央领导人一样，希望加快经济发展速度，在比较短的时间把国家由落后的农业国建设成为一个先进的工业国。邓小平把加快经济发展速度比作"给自己出难题"，因此在"大跃进"之初，他也表示出很大的热情。但他深知加快经济发展速度需要条件，不能违背客观经济规律，出

难题要"不是空想的，是合乎实际的"，"要有雄图，心是热的"，"但也要实事求是地考虑问题。心要热，头要冷"。① 当"大跃进"违背客观经济规律的严重后果日益暴露后，他便表示出异常的冷静并义无反顾地倾力于配合毛泽东纠"左"。

这一时期，邓小平领导经济工作和其他工作，坚持从实际出发，能快则快，不能快的就不让快。我国的石油工业基础非常薄弱，而石油工业对于国家工业化建设又特别重要。邓小平分管石油工业，在对石油工业的情况进行深入的调查研究之后，提出石油工业"应该有这个雄心壮志超越国际先进水平，世界先进水平也不是高不可攀的"。在他的领导和决策下，石油工业战线选准突破口，集中力量打歼灭战，在很短的时间内便发现和建成了新中国的第一特大油田——大庆油田，使我国石油工业获得了很大的发展。而在同一时间，铁道部向国务院提交报告，提出现有铁路三万公里，第二个五年计划要新修建二万公里，在十年内修建十八万公里新线。这样的速度是明显脱离实际的。邓小平在审定报告时，将这一提法修改为"在第二个五年计划期间内新建线路能否由原定的一万五千公里增加到二万公里的修建计划，以及能否在十五年内修建十八万公里，须由国家计委在综合研究之后，加以审定"。

在"大跃进"运动中，高指标往往伴随着一哄而起的"大呼隆"的群众运动，既违背客观经济规律，又伤害了人民群众的积极性，教训太深刻了。1961年底进入调整时期以后，邓小平明确指出，经济建设不能搞违反群众意愿和群众路线的"大呼隆"群

---

① 邓小平在成都中央工作会议上的发言，1958年3月25日。

众运动。他说，经济建设"要扎扎实实，因地制宜，不要搞大呼隆"。他还对群众运动与群众路线作了辩证的分析，指出"群众运动是群众路线的一种形式，不能天天、事事搞运动""过去几年讲大兵团作战，我看不是群众路线。'大呼隆'违反群众意志，群众是勉强、被迫接受的，只是形式热闹""有些群众运动往往不合乎群众路线，违反了群众路线"。[①]

经济建设要搞一套管理制度，农业有农业的"宪法"，工业有工业的"宪法"

新中国成立初期，我国工业管理更多的是学苏联的经验，尤其在工业企业管理方面照搬了苏联的一些办法。转入全面建设社会主义时期以后，开始摸索建立自己的管理制度，邓小平是积极强调和推动制度建设的领导人之一。1957年，在党的八届三中全会上，他提出社会主义工业企业要建立新的管理制度和政治教育工作制度。在"大跃进"运动中，工业企业的生产责任制和经济核算等制度废弛，普遍管理混乱，产品质量和劳动生产率大幅降低。邓小平中肯地指出"根本的是我们这个国家没有制度和纪律了"。[②] 这年上半年，中共中央下发《关于农村人民公社当前政策问题的紧急指示信》（"农业十二条"），对于明确政策、加强人民公社的管理起到了明显的作用。邓小平提出，工业也要搞一个类似"农业十二条"的"宪法式"的文件。毛泽东亲自主持制定《农村人民公社工作条例（草案）》（"农业六十条"）后，

---

① 《邓小平年谱》第三卷，中央文献出版社2019年版，第341页。
② 邓小平在中央书记处会议上的讲话，1960年12月22日。

邓小平又提出，农业方面搞了"六十条"，"工业方面也要拿出若干条"。后来，他主持制定了《国营工业企业工作条例（草案）》（"工业七十条"）。这个条例总结新中国成立以来的经验特别是"大跃进"运动以来企业管理工作的教训，提出了企业管理的一系列正确的指导原则和具体规定，成为当时克乱求治、整顿工业企业的一个指导性文件，也成为新中国第一个关于企业管理的章程。在此后很长一个时期内，这个条例对于加强企业管理发挥了重要作用，被称为"工业宪法"。

在主持制定"工业七十条"的同时，邓小平还主持制定了"商业四十条""手工业三十五条""高教六十条""科研十四条"等一批工业、文教、科技方面的条例。这批条例，成为新中国成立后重要的制度建设成果。

从社会主义到共产主义社会生活中个人选择的自由，不应越来越小，而应越来越丰富

社会主义社会要不断满足人的全面需要，促进人的全面发展，这是科学社会主义原理所揭示的。"大跃进"和人民公社化运动，在生产关系上搞"清一色"的同时，在人民群众的生活方式、衣食住行上也搞一律化，完全忽视、抹杀人民群众生活中个人选择的自由。邓小平在"大跃进"刚兴起不久，就对此表示怀疑。1958年10月，他从东北考察回来后，在中央书记处会议上提出："现在人们有啥吃啥，穿衣也简单。统统清一色好不好？"①

---

① 《邓小平年谱》第三卷，中央文献出版社2019年版，第125页。

不久他去西南考察，在同贵州省委负责人谈话中又说："公社吃住等一律化，共产主义是越搞越简单，还是越搞越复杂？"① 从西南回来后，他在武昌召开的党的八届六中全会上讲话，在指出人民公社还不能搞纯全民所有制的同时，明确地指出："集体生活中的个人选择自由，从社会主义到共产主义，不是越来越小，而是越来越大。"对这个观点，邓小平虽然没有展开论述，更没有长篇大论，但在当时的情况下就这样指出都是不容易的。

---

① 邓小平在贵州考察工作时的谈话，1958 年 11 月 2 日至 5 日。

邓小平前70年的生命年轮

——《邓小平年谱（1904—1974）》编后

中共中央文献研究室编撰出版了三卷本《邓小平年谱（1904—1974）》（以下简称《年谱》）。这部《年谱》运用大量文献档案材料和其他第一手材料，全面展示了邓小平从少年时代到1974年70年间的主要经历和活动；反映了他为民族独立、人民解放和国家富强奋斗的光辉业绩和作出的重大贡献；反映了他在各个时期的思想发展脉络和始终保持的革命精神与崇高的品格风范。

从勤工俭学的学生到职业革命家

邓小平青少年时期处在中国社会大变革、大动荡的年代。五四运动爆发后，他先后在广安、重庆参加了学生游行、集会和抵制日货等活动，受到了五四运动的洗礼。不久，他赴法勤工俭学，在法国走上革命道路并加入中国共产党。

《年谱》记述了邓小平在法国勤工俭学并参加革命活动的主要经历和思想转变过程。这一时期是他世界观和政治信仰形成的重要时期。他和许多勤工俭学的学生一样,是抱着"实业救国""工业救国"的理想赴法的。但是,到法国后俭学不成、勤工也不成,使他"学点洋本领,回来搞工业,救中国"的美好愿望很快破灭。他耳闻目睹了西方资本主义制度的种种黑暗现实,亲身感受了西方帝国主义列强对中国的欺凌和压迫,认识到只有通过反帝反封建的革命才能救中国。他阅读了大量的宣传马克思列宁主义和俄国十月革命的书刊,确立了共产主义信仰,并一步一步担负更多的革命工作,成为一个职业革命家。

《年谱》记述邓小平1926年1月至1927年初在莫斯科中山大学学习和工作的情况,依据的材料主要是当时邓小平自己拟写的学习计划、填写的各种表格、撰写的自述材料和党组织对他的鉴定以及有关回忆史料等。在莫斯科学习的一年时间里,他打下了扎实的马克思主义理论基础。他在到莫斯科后不久撰写的一份《自传》中写道:"革命的理论对于我们共产主义者是必需的。所以,我能留俄一天,便要努力研究一天,务使自己对于共产主义有一个相当的认识。"这段时间中,他担任班级党组织负责人,积极参加和组织党、团活动,锻炼了从事党的政治工作和组织工作的能力。校党组织在给他的鉴定中称他是该校"共青团委员会的一名优秀组织工作者","该同志最适合做组织工作"。

邓小平1927年初回国,先在冯玉祥的国民军联军中山军事学校担任政治教员。国共合作破裂、大革命失败后,他到武汉中共中央机关担任秘书工作,后随中央机关迁往上海。不久担任中共中央秘书长,直到1929年8月被党中央派去广西工作。

过去,由于直接的记载很少,人们对邓小平这段时间在中共中央机关工作的情况不太了解。《年谱》多方收集资料,在认真考证的基础上对此作了比较清晰的梳理。他在中央机关工作的这两年，正处于国共合作的大革命到中国共产党领导的土地革命战争转折的历史时期。他亲历了党的许多重大事件，经受了各种历练和考验。在党的八七会议上，他担任会议记录，第一次见到毛泽东，对毛泽东在会上提出的"须知政权是由枪杆子中取得的"的思想留下了深刻印象。他对陈独秀右倾机会主义错误和瞿秋白"左"倾盲动错误给中国革命带来的危害有着直接的感受。在这样一个岗位上，他积累了多方面的工作经验，磨炼了果断干练又严谨细致的工作作风。这些，都为他后来担负更重要的工作创造了条件。

从事打仗"专业"二十年

邓小平多次说过，"我是一个军人，我真正的专业是打仗。"从 1929 年领导百色、龙州起义，一直到 1950 年指挥解放大西南，邓小平一直置身革命军事斗争的第一线，经历了我们党领导的土地革命战争、抗日战争和解放战争的全过程。

《年谱》对邓小平在土地革命战争时期领导发动百色起义、龙州起义，在中央苏区参加反"围剿"斗争，以及后来随中央红军长征作了全面的记述。特别是对过去人们不太了解的邓小平在中央苏区由于坚持执行毛泽东的正确主张，抵制和反对王明"左"倾机会主义路线而遭受打击的情况，以及他参加长征的情况作了比较详尽的记述。1933 年，在中央苏区错误地开展了一场反对所谓以邓小平、毛泽覃、谢唯俊、古柏为代表的"江西罗明路线"的斗争，邓小平遭受严厉批判和撤职、监督劳动等处分。

在逆境中，他没有气馁、悲观。后来他到红军总政治部做主编《红星》报的工作，一直到1935年1月遵义会议前他第二次担任中共中央秘书长为止。这段时间，他共主编《红星》报70多期，其中有7期是在长征途中出版的。长征开始后，党中央在中央苏区办的其他报刊都已停办，《红星》报是跟随党中央和中央红军长征的唯一报纸。红军指战员都把《红星》报上发表的文章看作党中央的精神。过去人们对邓小平在长征途中特别是在遵义会议之前的工作情况知之甚少，这部《年谱》为人们了解邓小平长征时期的活动提供了线索和材料。

抗日战争时期是邓小平军事生涯走向辉煌的重要时期。作为八路军第129师政治委员，邓小平同师长刘伯承率部在华北前线坚持抗战，创建太行、太岳、冀南、冀鲁豫抗日根据地，创造了光辉的业绩。

"刘邓不可分"。这部《年谱》对邓小平同刘伯承珠联璧合、高度默契配合地指挥部队作战作了充分的反映。同时，又从军队建设、根据地建设和党的建设三个方面，对作为部队政治主官和根据地党的主要负责人的邓小平独特的业绩、贡献作了较全面的反映。

在军队建设方面，邓小平非常善于抓部队的政治工作。他到129师后，首先抓的便是贯彻落实党的抗日民族统一战线政策和抗日游击战争的战略方针，使部队迅速打开了敌后抗战的局面。他高度重视干部教育，特别是在一些重要的历史转折关头，总是亲自给部队作报告或写文章，引导广大指战员认清形势和任务。他坚持不懈地抓部队经常性的政治工作，包括建立健全政治工作的组织和制度等。在根据地建设方面，他善于创造性地贯彻执行党中央的指示精神，从实际出发，适时提出根据地建设的指导方针，不断开创新局面。1940年底，他提出了加强根据地政权建设、军队建设及党的建设"三大建设"的著名论断。1943年1月，他作为中共中央太行分局书记在温村会议上作长篇报告，在总结抗战五年经验的基础上，就对敌斗争提出了积蓄力量、为进行战略反攻作准备的指导原则；就根据地建设提出了发动群众，巩固统一战线，加强基层政权建设，强化群众性的游击战争，建设自给自足的经济等一系列指导原则。这些被认为是从政治上、思想上、组织上为全面开展根据地内的新民主主义建设、夺取抗战胜利作了重要的准备。1943年10月，他代理中共中央北方局书记，并主持八路军总部的工作，担负起领导华北敌后抗日根据地工作的重任。他指挥部队粉碎了日、伪军一次又一次的"扫荡"，并领导进行建党建军建政活动和精兵简政、减租减息、大生产运动，使根据地得到了巩固和发展，也推动了全国抗战大局的发展。在党的建设方面，他领导了129师和晋冀鲁豫根据地的整风运动。他特别强调要以毛泽东思想为指导，克服党内各种非无产阶级思想。他在1943年11月，明确提出毛泽东思想是中国化的马克思列宁主义，"整风就是把全党从思想上、行动上统一在布尔什维克——毛泽东思想上"。

伟大人物的历史作用，往往是在历史转折时刻更加突出地表现出来。人民解放战争是决定中国前途命运的大决战，邓小平作为主力部队和大战略区的主要负责人之一，发挥了至关重要的作用。这部《年谱》没有简单地罗列邓小平这一时期的经历，而主要是揭示他在重要历史转折时刻的活动和建树。

《年谱》全面记述了这一时期邓小平和刘伯承指挥的一系列

军事行动,浓墨重彩地记述了他参与组织指挥的四次大的战略转折性的军事行动。第一次是上党战役,第二次是挺进大别山,第三次是淮海战役,第四次是渡江战役。1945年8月下旬,邓小平和刘伯承指挥的上党战役是抗战胜利后国共间进行的第一次大战役。这次战役的胜利,有力地打击了国民党抢夺抗战胜利果实的嚣张气焰,紧密配合了毛泽东在重庆同蒋介石的谈判斗争。1947年6月,邓小平和刘伯承指挥晋冀鲁豫野战军千里跃进大别山,揭开了人民解放战争战略进攻的序幕。毛泽东高度评价说这是"一个伟大的事变"[①]。1948年11月至1949年1月,以邓小平为书记的总前委指挥的淮海战役是人民解放军历史上战役规模最大、歼敌数量最多的战略大决战,不但奠定了长江以北的局面,而且基本奠定了全国的局面。1949年4月,以邓小平为书记的总前委指挥的渡江战役一举突破国民党军队的长江防线,解放南京和华东广大地区,粉碎了国民党反动势力企图盘踞江南的迷梦,宣告了国民党反动统治的覆灭。

  这部《年谱》在上述记叙中,充分反映了邓小平坚持从前线的实际出发,独立思考,适时提出自己的意见、建议,在战役决策过程中所发挥的重要作用;揭示了他作为一个军事家、战略家总揽全局、审时度势的非凡胆识,周密部署、临机决断的指挥才干,以及敢于斗争、敢于胜利、敢于压倒一切敌人和困难的革命英雄主义气概。

[①]《毛泽东选集》第四卷,人民出版社1991年版,第1244页。

走向中央领导岗位

新中国成立之初,邓小平担任中共中央西南局第一书记,主政大西南。1952年7月调中央任政务院副总理,1954年任国务院副总理,还曾担任中财委第一副主任兼财政部部长,党中央秘书长兼中央组织部部长等重要职务。1956年9月在党的八届一中全会上当选为中共中央总书记,成为以毛泽东同志为核心的党的第一代中央领导集体的重要成员。

过去,人们对邓小平在西南工作的情况了解不多。《年谱》运用大量中央和地方的文献档案资料,对邓小平主政大西南两年半的工作作了全面的介绍。

新中国成立之初,大西南的情况特别复杂,封建势力根深蒂固,民族隔阂很深,匪特多如牛毛,经济文化落后,人民生活困苦不堪。西南真正是百废待兴、百端待举,工作千头万绪。《年谱》记述了邓小平和西南局所做的七个方面的工作:一是切实调整城市工商业,采取各种措施,迅速恢复和发展经济,保障供给,稳定市场。二是深入贯彻党的统一战线政策,团结、争取原国民党上层人士,教育、改造和安置90万国民党起义、投诚和俘虏的部队,40万旧政府人员和旧职员,稳定社会。三是胜利地组织剿匪反霸、减租退押斗争,适时转入积极稳妥地进行土地改革,实现了西南社会根本性的社会变革。四是积极贯彻落实党的民族政策,促进民族团结,并采取符合西南民族地区实际的措施,卓有成效地解决少数民族政治改革和经济、文化发展中的各种问题。五是兴起西南地区的工业建设,领导修建成渝铁路等。六是根据中央部署和西藏实际,拟定和平解决西藏问题的十大政策，指挥部队进军西藏，实现西藏和平解放。七是领导开展"三反""五反"运动，整顿党的组织和作风，切实加强党的建设。

《年谱》充分反映了邓小平在西南工作期间，善于把握大局、善于在复杂的情况下抓住主要矛盾做好各方面工作并开创工作新局面的领导能力。与战争年代不一样，新中国成立后领导一个大区的工作是在党执政的条件下，领导人民进行经济、政治、文化各方面的全面的建设。邓小平主政大西南的两年多时间，治党、治政和治军的能力得到了充分发挥，并有了新的全面的提高，为他走上中央领导岗位创造了条件。

过去，由于档案材料披露较少，对邓小平调中央工作后到中共八大召开前这段工作经历研究成果很少。这部《年谱》充分利用档案材料，对邓小平这四年的工作经历和思想发展脉络，主要从四个方面进行了清晰的梳理：一是作为政务院副总理、国务院副总理，悉心指导他分管的监察、民族、人事、铁道、交通、邮电和财政等部门的工作，帮助这些部门确立业务工作正确的指导原则和基本的工作方法，建立必要的规章制度，为全面有效地开展工作打下了很好的基础。二是参与筹备召开一届全国人大一次会议。他参加了宪法的制定工作，还负责制定选举法、组织全国的代表选举工作及其他许多筹备、组织工作，为我国人民代表大会这一根本政治制度的确立作出了历史性的贡献。三是在反对高岗、饶漱石分裂党的活动，维护党的团结和统一的重大斗争中，他旗帜鲜明，发挥了重要的作用。四是主持筹备中共八大。他参加了八大文件的起草，主持了代表推选以及会议其他大量准备工作。他主持起草并在大会上作的《关于修改党的章程的报告》对党的建设发挥了重要的指导作用。

《年谱》揭示出，邓小平之所以能在党的八大成为以毛泽东同志为核心的党中央第一代领导集体的重要成员，不仅是因为他在民主革命时期建立的功绩，更主要的是新中国成立后他在西南及至中央工作后所表现出的杰出的治国理政的能力。正如毛泽东在八大推举邓小平担任总书记时所说的"他比较有才干，比较能办事"。党和人民选择了邓小平，历史选择了邓小平。

探索社会主义建设道路

从1956年党的八大召开到1966年5月"文化大革命"开始，这十年是我国全面建设社会主义的时期，也是我们党在曲折中探索适合中国情况的社会主义建设道路的时期。党虽然在指导思想上日益陷入"左"的错误，但一直是一边犯错误一边纠正，对于社会主义道路的探索取得了很多积极的成果。十年中，邓小平一直担任中共中央总书记，积极、务实地参与了这一探索的全过程。在"文化大革命"中被打倒后，他虽然身处逆境，但仍然在思考中国社会主义事业的发展问题。

《年谱》基本上以第一次披露的档案材料为依据，全面记述了这一时期邓小平的经历和活动，突出地反映了他在关于社会主义建设一系列重大决策的制定与实施中的重要作用和一系列重要的正确的思想主张。同时，也客观反映了在当时的历史条件下，他在一些问题的认识上存在的难以避免的局限性。

1957年的反右派斗争是必要的，但是犯了扩大化的严重错误。《年谱》客观地反映了邓小平当时的思想状况。邓小平一方面同当时党中央主要领导人毛泽东一样，对思想政治领域和反右派斗争的形势估计过于严重；另一方面，他又一再强调运动不能采取简单粗暴的做法，打击面不能太宽，不要在工厂和农村划右派，对应该打击的对象也要按照不同情况区别对待等。

从1958年开始的"大跃进"和人民公社化运动是我们党的"左"的指导思想的产物。但是，在运动过程中我们党又不断地做了纠正。《年谱》深入地反映了邓小平在纠"左"过程中所发挥的作用和他的思想发展脉络。他在毛泽东发起"大跃进"运动时表现出很大的热情，紧密配合毛泽东的部署。但是，在"大跃进"运动过程中他的头脑是比较冷静的，特别是当"大跃进"运动的后果日益严重地暴露出来时，他便积极地紧密地配合和协助毛泽东纠"左"。他参与起草了《关于人民公社若干问题的决议》，主持起草了《国营工业企业管理工作条例（草案）》等一系列重要文件，指导调整生产关系和工农业政策，加强各方面的管理。1962年他明确支持以"包产到户"的方式解决农村严重困难，提出："调动农民的积极性，主要还得从生产关系上解决。""哪种形式在哪个地方能够比较容易比较快地恢复和发展农业生产，就采取哪种形式；群众愿意采取哪种形式，就应该采取哪种形式，不合法的使它合法起来。"① 党的八届十中全会之后，在党的指导思想逐渐发展到"以阶级斗争为纲"的错误轨道上，党内不少人随了"大流"的情况下，邓小平坚持独立思考，继续坚持纠"左"的思路。他提出，国民经济调整和发展要把重点放在解决人民群众的吃穿用和发展农业生产上。他指出，人民公社平均主义的制度"实际上违反了社会主义的按劳分配原则，违反了社会主义建

---

① 《邓小平文选》第一卷，人民出版社1994年版，第323页。

设的利益"①。他还明确指出"我们制订的方针、政策要有利于发展生产力,有利于实现工业、农业、科学技术和国防现代化"②。

20世纪50年代中期以后,国际共产主义运动出现了新的复杂情况。从1960年开始,中苏两党之间爆发了一场长达数年之久的论战。邓小平以相当大的精力投入到这场论战中,成为"那场争论的当事人之一"。《年谱》对此作了客观、真实的反映。这场论战,正如邓小平后来所指出的"双方都讲了许多空话",问题的实质是"不平等","中国人感到受屈辱"。在论战中,邓小平根据中央确定的方针,在一些重大原则问题上阐明中国共产党的立场,批评苏共"老子党"的霸道作风,谴责他们把两党分歧扩大到恶化国家关系的错误行径,维护了中国共产党的尊严,捍卫了国家主权和国家利益。

"文化大革命"开始后不久,邓小平即被打倒。从1967年1月到1973年2月六年的时间里,他几乎没有社会活动。因此,反映他生平经历的材料也极少。《年谱》主要依据目前所知道的邓小平先后写给毛泽东和汪东兴的20封信以及他家居时同亲属子女和身边人员的一些谈话记载,揭示了邓小平这一时期的思想活动。主要有这样几点:一是,他虽然表示要努力按照毛泽东的要求理解"文化大革命",但实际上做不到,思想上更多的是对什么是社会主义、怎样建设社会主义问题的思考。二是,他直接感受了基层社会的情况和人民群众的意愿与要求,这为他后来复出工作即着眼于抓群众的生产、生活,着眼于抓社会秩序的安定等提供了启发。三是,他在忍耐等待的同时,一再表示迫切希望

---

① 《邓小平年谱(1904—1974)》(下),中央文献出版社2004年版,第1773—1774页。
② 同①,第1789页。

重新出来工作。正是因为复出前他有这样的思想准备和精神准备，所以当他复出工作后，便在毛泽东、周恩来等人的支持下抵制江青集团的极左思潮，并努力从实际上着手纠正"文化大革命"的错误。

邓小平1973年3月正式恢复工作，1975年1月担任党中央副主席等职务，重新回到党和国家的最高领导层。这部《年谱》写到1974年12月，记述了邓小平这两年复出后工作的情况。邓小平虽然离开中央领导岗位达七年之久，但他复出后思维依旧敏捷、开阔，思想依旧深刻、高远。他对国际形势的判断准确恰当，对党和国家工作中存在的问题认识清醒。他在1974年12月17日同毛泽东谈话中提出：国家的发展不能脱离国际环境，要利用有利的国际环境。搞建设不安定不行，要把革命和生产的位置摆好。① 正是按照这个思路，1975年邓小平领导进行了各方面的整顿。这场整顿加速了"文化大革命"走向终结，实际上成为新时期全面拨乱反正和改革开放的预演。

邓小平人生事业的最高峰，当然是他领导开辟中国改革开放和社会主义现代化建设历史新时期。但是，如果没有前70年，也就没有他在新时期的20年。特别是，他在20世纪50年代中期成为以毛泽东同志为核心的党的第一代领导集体的重要成员，这是他后来成为党的第二代中央领导集体的核心和中国改革开放总设计师的前提。这部《年谱》对邓小平前70年生平思想的全面展示，对于我们完整、全面地了解邓小平的一生，完整、全面地研究邓小平的生平思想具有非常重要的意义。

---

① 《邓小平年谱（1904—1974）》（下），中央文献出版社2009年版，第2074页。

高山仰止和返璞归真

——《邓小平传（1904—1974）》编后

《邓小平传（1904—1974）》是国内出版的第一部经中共中央批准同意编写的邓小平传记，也是国内出版的第一部依据大量内部档案材料撰写的邓小平传记。内部档案材料，包括中共中央档案馆和中共中央文献研究室所保存的没有公开发表过的邓小平的讲话、谈话记录和批示、电报、书信等，中共中央有关文件和有关会议记录；有关人士的回忆录或对他们的采访记录；等等。全书中引用的档案资料究竟有多大的量，真是无法统计。我们力图根据翔实可靠的材料写出信史。

这部传记不是邓小平的全传，时间跨度从邓小平的少年时代到他在"文化大革命"中被打倒后1974年正式复出工作，只写了邓小平人生的前70年。邓小平人生、事业的高峰无疑是他在改革开放新时期领导党和人民开创中国特色社会主义。但是，如果没有他的前70年，也就没有他在新时期的20多年。特别是，他在20世纪50年代中期成为以毛泽东同志为核心的党的第一代中央领导集体的重要成员，是他后来成为党的第二代中央领导集体的核心和中国改革开放总设计师的前提。这部传记全面记述了邓小平前大半生的经历、活动和业绩，清晰地勾勒了他前大半生的人生轨迹和心路历程。前70年也可以说是他走向人生事业高峰的跋涉和铺垫，尽管漫长了些，古今中外也许罕见，但这就是邓小平！

写出邓小平的思想和品格特点

撰写这部传记的难度显而易见，经过多年努力数易其稿才得以完成。任务完成后，我们掂着沉甸甸的书，感到传主邓小平何尝不就是这样一本厚厚的书呢？在写作过程中，对这本书怎么揭开每一页，都颇为踌躇。写这部书究竟难在哪里？难的不是写他做过的事，难的是要写出他在各个时期的思想及思想发展脉络。如果不写出邓小平的思想、品格特点，那还叫什么邓小平传？邓小平长期担任党内、军内重要领导职务，20世纪50年代中期成为党的第一代中央领导集体的重要成员。中国共产党与别的政党一个重要的不同之处，就是党内积极的思想斗争，如果没有积极的思想斗争，党就失去了活力。因此，要写出邓小平的思想、品格，就要把他放到党内思想斗争中去写。写党内思想斗争，不言而喻又是很难的。我们必须迎难而上，因为邓小平"三落三起"的人生经历，本身就带有强烈的党内思想斗争色彩。如果回避党内思想斗争，怎么可能写出邓小平呢？

在革命和建设时期，中国共产党党内的思想斗争，在两个阶段最为突出和集中，一是新民主主义革命时期探索中国革命道路的阶段，二是社会主义革命和建设时期探索中国社会主义建设道路的阶段。新民主主义革命和社会主义建设以前都没干过,大家都从头探索,因此就会有各自不同的看法和主张,有时你可能是对的,他是错的;有时则可能他是对的,你是错的,而且难免有思想上的交锋甚至激烈的交锋。在邓小平的前大半生中,正是在两个探索时期他的思想最为活跃,而且他还经常处在党内思想交锋的中心位置,要不他怎么会有"三落三起"的经历呢?这部传记对社会主义革命和建设时期党内围绕怎样建设社会主义的问题的思想交锋,写得相当细腻。包括"反冒进"问题、反右斗争及反右斗争后重提阶级斗争问题、"大跃进"和人民公社化运动、社会主义教育运动及后来的"文化大革命"等。传记对这一时期邓小平对社会主义建设问题的思考和探索所取得的思想认识成果作了清晰的系统的梳理。他的这些思想认识成果,可以说是在党内特别是在同中央领导层人物思想的碰撞中产生的。比如,他提出社会主义基本制度还要不断调整、完善,社会主义具体制度应该不拘一格;社会主义过渡时期,哪种生产关系有利于生产力的发展,就选择哪种生产关系;社会主义要建立在生产力发展的基础上;"要让农民富起来";等等。如果回避党内思想斗争,邓小平的这些思想就写不出来。而这些正是邓小平独到的思想,是他社会主义观和社会主义改革观的集中体现,是他后来改革开放思想的源头。

我们写邓小平传,不用说是带着对邓小平的真挚热爱和深厚感情的。编写组的同志不少是邓小平决策恢复高考后考上大学而改变自身命运的,邓小平当年决策恢复高考,一定没想到会由当年的考生在30多年后为他写传!有一位当代著名史学家说过,没有爱憎、没有感情倾向,是写不出有血有肉的历史的。但是，又确实不能因感情因素妨碍我们对历史对包括邓小平在内的历史人物作出公正的评价。怎么避免感情因素影响对人物的评价呢？就是一条，尊重史实，用材料说话，真正做到下笔有据。编写组组建后好长时间并未动笔，而是埋头搜集和阅读、研究档案和史料，而在写作过程中，又始终坚持没有史料、材料依据绝不轻易对某个问题下结论。举一个例子，初稿写1961年经济调整这一段时，我们都记得邓小平当时在北京郊区农村调查公共食堂问题，曾经说过"吃食堂是社会主义，不吃食堂也是社会主义"，便把这句话写上了。这句话反映了邓小平很重要的思想。但到修改定稿时，却怎么也查不到这句话的确凿出处，我们只好准备忍痛割爱。让人高兴的是，最后还是在一个县编的内部资料上找到了确凿的记载，而终于把这句话保留了下来。这句话多么具有邓小平的思想特点！

一个坚持实事求是的邓小平

尊重史实、用材料说话，是克服人们包括我们编写者固有成见的最好办法。例如，反右扩大化错误，至今仍是一个让很多人难以释怀的问题。坊间说邓小平当时在中央一线岗位工作，整风"反右"他是具体组织、领导者之一，反右斗争扩大化错误他是主要责任者之一，我们脑子里多多少少也有这种疑惑。但是，当我们沉到那些历史档案里去之后，发现真实情况并不是这样！对于反右斗争，邓小平和当时许多中央领导人一样，认为是很必要的。但在反右斗争兴起之后，明确地讲必须防止把右派分子划得过宽、过多，不能采取简单粗暴的办法，要防止扩大化的错误的，是他。他其至警告"这个时候最容易犯简单粗暴的毛病，如果犯了这毛病，将来运动过后，我们就要作检讨"①。历史果然应验了他的这句话！回过头来看，反右扩大化错误的责任，恐怕也不能由哪一个人或哪几个人来承担。从战争年代开始，我们党已经习惯了用群众运动的方式和办法来解决政治问题。当反右斗争以大规模群众运动的形式兴起之后，就不是哪一个人或哪几个人可以改变的了。要避免这种错误，只有从根本上改变形成习惯的思维和思维方法。这一点，我们党在以后的历史中做到了。

再举一个例子。我们都知道对毛泽东和邓小平曾有一个"正帅和副帅"的说法。境外有的出版物和国内有的人言之凿凿地认定毛泽东是"大跃进"运动的"正帅"，邓小平是"大跃进"运动的"副帅"。言外之意，"大跃进"运动的错误当然是"正副帅"的责任了。我们查阅了"正副帅"说法的由来，弄清楚原来是毛泽东在1959年4月上旬召开的党的八届七中全会上讲的。八届七中全会是纠正"大跃进"运动中"左"的错误的会，毛泽东是让邓小平当纠正"大跃进"运动中"左"的错误的"副帅"！"大跃进"运动的副帅与纠正"大跃进"运动中"左"的错误的副帅，差别何其大！

有一位名人传记作家说过，他每写一个伟大人物的传记，心灵都受到一次"朝圣"式的洗礼。像邓小平这样的一代伟人，他的地位和影响已经被历史奠定和作出结论。邓小平从不把自己当作神圣，他说他是"中国人民的儿子"。我们写邓小平传，当然不会有"朝圣"的心理。但是，邓小平毕竟是一位高山仰止的伟

---

① 《邓小平传（1904—1974）》下册，中央文献出版社2014年版，第1039页。

人，在写作过程中，我们总是在自觉不自觉地探究邓小平的伟大究竟在哪里？还没有成为中国改革开放总设计师的邓小平，究竟伟大在哪里？

书写完了，掩卷深思，我们似乎有了答案：邓小平的伟大当然体现在他为国家、民族和人民所建立的丰功伟绩上；但从深层次来讲，更体现在以上所述他那些独到的思想品格上。我们要让读者了解他的优秀思想品格，还想让人们了解他的优秀思想品格是怎么形成的，让人们从中获得思想和人生的启迪。比如说，他坚持实事求是。大家都对邓小平在改革开放新时期坚持实事求是、解放思想印象很深，在人们的心目中他可以说是实事求是思想路线的化身，但他的这一思想品格绝不是到后来才有的，而是他半个多世纪革命生涯长期艰苦锤炼的结果。那么从什么时候开始形成的呢？可以说是从他从苏联学习回国后到党中央机关担任秘书和秘书长时开始形成的。在那样一个岗位上，他先是亲身感受了陈独秀右倾机会主义错误，目睹了其对革命所造成的严重后果。特别是，他亲身参加了八七会议并担任会议记录。可以想见，会上毛泽东等人那些用鲜血换来的教训的发言，对他的震动和教育该有多大。后来，他又在党中央机关亲身感受了瞿秋白"左"倾盲动错误对中国革命造成的危害。正是带着对"左"和右的两种错误倾向的感受和教训，他后来去广西，在领导百色起义、龙州起义和红七军转战的过程中，得以敏锐地觉察到并屡屡抵制新出现的李立三"左"倾冒险错误的干扰和影响，最大限度地减轻了革命力量的损失。而且，使他后来对王明"左"倾教条主义脱离中国实际、照搬本本的实质看得比很多人都清楚。这才有了他在中央苏区时因站在毛泽东一边，反对"左"倾错误路线领导而导致在政治上的第一次"落"。他因坚持独立思考、实事求是，付出了代价！

一个勇于担当的邓小平

勇于担当，是伟大人物共同的精神品格，在邓小平身上表现得尤其突出。他的一生是勇挑重担的一生。他于1929年去广西主持党的全面工作，领导百色起义和龙州起义，创立红七军，才25岁。很多人都知道解放战争时期邓小平和刘伯承率部队挺进大别山的事，却可能不太知道刘伯承、邓小平和刘邓部队当时究竟担负了多重的担子。千里跃进大别山，关系人民解放战争的战略全局和党中央在陕北的安危。十万大军要渡黄河越陇海线，涉过黄泛区及沙河、颍河、淮河等大江大河，稍有闪失即前功尽弃。多少年后，邓小平还回忆说，过黄泛区前，"听黄河的水要来，我自己都听到自己的心脏在怦怦地跳！"[1]进军大别山难，在大别山站住脚更难。进入大别山后，刘邓部队兵分两路，由刘伯承率领一部分转到外线作战，邓小平率领一部分留在大别山内坚持内线作战。邓小平置个人安危于不顾，指挥10个旅的部队同国民党军队33个旅共80个团的兵力作战。他致电中央军委表示"我们在大别山背重些"，有利于兄弟部队在其他地区作战，"对全局则极有利"[2]。这是怎样的一种让人感动的担当！

作为总前委书记指挥60万人对80万人的淮海战役，无疑是邓小平军事生涯的一页辉煌篇章。毛泽东对邓小平说："我把指挥

---

[1] 《邓小平传（1904—1974）》上册，中央文献出版社2014年版，第643页。
[2] 同[1]，第679页。

权交给你了。"这个大战役是由邓小平和刘伯承率领的中原野战军同华东野战军并肩作战。邓小平在中原野战军纵队负责人会议上动员说:"要消灭敌人,没有牺牲精神是不行的。""即使这一仗中野拼光了也值得!"① 这又是一种怎样让人感动的担当!

  邓小平的担当精神,还表现在敢于承担工作中错误的责任,这一点古今中外的很多伟大人物并不一定都能做到。在社会主义建设时期,由于缺乏成功的经验,党的领导人在指导思想上出现了"左"的错误,包括反右斗争扩大化、"大跃进"和人民公社化运动、"文化大革命"等。对这些错误的教训进行回顾和总结,是非常有益的。进入改革开放新时期以后,已是中国共产党第二代中央领导集体的核心、在党内外拥有崇高威望的邓小平,不仅不讳言党的历史上的错误,而且还勇敢地为其承担责任。在他看来,毛泽东等当时党和国家的主要领导人已不在世了,由他来承担责任,是责无旁贷的。前面讲到,在反右斗争中,邓小平一方面积极参与,另一方面又很努力地防止扩大化倾向,但是最后还是出现了严重扩大化的错误,导致许多正直的有才华的知识分子、敢讲真话的优秀党员干部和同中国共产党长期合作的爱国人士,长期受到委屈、压制,遭受不幸。对此,20世纪80年代邓小平诚恳地说:"他们多年受了委屈,不能为人民发挥他们的聪明才智,这不但是他们个人的损失,也是整个国家的损失。"② 更难能可贵的是,他不诿过于人,而是勇敢地承认自己的错误。他说:"不要造成一个印象,好像别人都完全正确,唯独一个人不正确。这个话我有资格讲,因为我就犯过错误。一九五七年反右派,我

---

① 《邓小平传(1904—1974)》下册,中央文献出版社2014年版,第739页。
② 同①,第1046页。

们是积极分子，反右派扩大化我就有责任，我是总书记呀。"[1]

对待"大跃进"运动问题也是这样，邓小平从不推卸自己作为领导集体中一员的责任，换句话说，从不把这一责任都推到当时党中央主要领导人毛泽东身上。他说："'大跃进'，毛泽东同志头脑发热，我们不发热？""中央犯错误，不是一个人负责，是集体负责。""这些问题不是一个人的问题。"[2] 这是一种担当，也是一种胸襟！

一个返璞归真的邓小平

邓小平晚年说过："我是中国人民的儿子。我深情地爱着我的祖国和人民。"这句话道出了他内心深处深深的人民情结。这种情结，不仅表现在他一生所做的许多大事上，也表现在一些很细小的事情上。这部传记记载了不少这样的细节，有时竟使我们在写作时眼眶发热。当年，刘邓数万大军在大别山，到了深冬季节，邓小平同普通战士一样穿着单衣。为了不增加当地群众的负担，他和刘伯承发动了一场自制棉衣的运动，他自己也一针一线缝制了一件单薄的棉衣。棉衣穿旧了，棉花都露出来了。身边工作人员让军需处给他做了一件新棉衣，管军需的负责人去劝他把旧棉衣换下来，但还是挨了他的剋，让人将新棉衣送给了战士穿。在滴水成冰的天气里，警卫员找来一点稻草要烧火给他烤烤写文件的手，他却让人赶快把稻草还给老百姓了。大别山穷，大别山人民穷，他不忍心动用老百姓的一根稻草！

---

[1]《邓小平传（1904—1974）》下册，中央文献出版社2014年版，第1046页。
[2] 同①，第1075页。

我们在撰写这部传记时，主观上有一种意识，就是既要揭示邓小平作为一代伟人崇高的精神世界，又要反映他同普通人一样的情感。我们花了一定的笔墨去追寻他的个人情感历程，包括他早年赴法勤工俭学前后与家人的关系，他先后三次婚恋，他家里添丁添口，特别是他在"文化大革命"中两次被打倒后的家庭生活等。这恐怕也是这部传记与同类人物政治传记不同的一个地方。政治人物落难的时候，往往是他回归普通人情感状态的时候。这部传记用一个整章描写了邓小平在江西一个县办拖拉机厂做工时的谪居生活。我们在这里给读者打开了一扇新的窗户，让人们看到了一个返璞归真的邓小平，一个回归社会底层的邓小平，一个作为丈夫的邓小平，一个作为父亲的邓小平。为了不让身体不好的妻子劳累，他默默地把家里重一点的家务活都承担了起来。为了省钱，他不再抽好一点的烟、喝好一点的茶，甚至吃馊了的饭菜。他像普通父亲一样，过年过节盼着子女回家，把家人的团聚作为精神上的慰藉。

邓小平的这种平静，是因为对党和人民事业的忠诚支撑着他，共产党人的理想信念支撑着他。他心里装的绝对不只是一家人的柴米油盐，而是国家和人民的命运。他要重新担当改变国家民族命运的使命，有一个前提，就是要重新出来工作。后来，他复出工作后，毛泽东问他这几年是怎么过来的？他说了两个字："等待。"其实，他并不是在消极等待，而是在坚持不懈地为自己重新出来工作，哪怕是出来"做点调查研究之类的工作"创造条件，做着应有的准备。而这些，则正是他同普通人不一样的地方。在这部传记里，我们试图努力做到既把他作为一个伟人来写，又把他作为一个普通人来写。